업무의
잔머리

업무의 잔머리

발행일   2019년 5월 10일

지은이   이주석
펴낸이   손형국
펴낸곳   (주)북랩
편집인   선일영   편집   오경진, 강대건, 최예은, 최승헌, 김경무
디자인   이현수, 김민하, 한수희, 김윤주, 허지혜   제작   박기성, 황동현, 구성우, 장홍석
마케팅   김회란, 박진관, 조하라
출판등록   2004. 12. 1(제2012-000051호.)
주소   서울시 금천구 가산디지털 1로 168, 우림라이온스밸리 B동 B113, 114호
홈페이지   www.book.co.kr
전화번호   (02)2026-5777   팩스   (02)2026-5747

ISBN   979-11-6299-652-2 13000 (종이책)   979-11-6299-653-9 15000 (전자책)

이 도서의 국립중앙도서관 출판예정도서목록(CIP)은 서지정보유통지원시스템 홈페이지(http://seoji.nl.go.kr)와
국가자료공동목록시스템(http://www.nl.go.kr/kolisnet)에서 이용하실 수 있습니다.
(CIP제어번호: CIP2019018120)

(주)북랩 성공출판의 파트너

북랩 홈페이지와 패밀리 사이트에서 다양한 출판 솔루션을 만나 보세요!

홈페이지 book.co.kr   •   **블로그** blog.naver.com/essaybook   •   **원고모집** book@book.co.kr

업무의 잔머리

| 이주석 지음 |

업무 속도를 높여주는 실무 기술 **MS office, 매크로, Auto Hot Key**

시작하며

저는 기본적으로 게으른 사람입니다. 귀찮은 일도 싫고, 변화없이 반복되는 일도 싫습니다. 하지만 실제로 일을 하다 보면 사소하지만 계속적으로 반복되고 꼭 해야만 하는 일이 상당히 많습니다. 예를 들면, 보고서를 만들 때 그 내용은 매번 변화하지만 보고서 양식을 통일하고 페이지를 매기는 일은 매번 반복되고 업무내용이 거의 변화하지 않습니다. 내용을 채운 뒤 열과 오를 맞추는 일이 그러하고, 폰트를 통일하는 일이 그러합니다. 매일 수집되는 Raw Data를 정해진 양식으로 취합, 정리하는 일도 빠질 수 없습니다.

이와 같이 반복되는 귀찮은 작업을 조금이라도 줄여보고자 나름으로의 방법도 찾아보고 고민도 꽤 많이 했습니다. 기본 설정도바꾸고, 엑셀에서는 자동으로 계산을 할 수 있게 함수도 만들고,

간단한 매크로도 만들어 사용했습니다. 어떤 업무의 경우에는 매일 20~30분을 할당해야만 했던 일을 3~4시간에 걸친 한번의 고민을 통해 매일 3~5분을 투자하면 해결되게 간단한 양식으로 만들기도 했습니다.

이와 같은 나름의 경험을 토대로 하여 사무용 S/W 활용 Tip을 모아 정리해 봤습니다. 업무의 기술이라고 하기는 너무 거창하지만, 그래도 조금은 도움이 될 수 있는 기술들이기에 저는 이런 잔기술을 모아 '업무의 잔머리'라고 이름 붙이고, 이 글을 통해 공유하고자 합니다. 칼퇴를 위한 우리의 몸부림에 조금이라도 도움이 되었으면 합니다.

※ 이 책에서 소개된 예제 파일은 "https://blog.naver.com/550sn"에서 다운받으실 수 있습니다.

차 례

CHAPTER

01

"MS OFFICE"
이것만은 알고 가자

MS Office는 사무용 S/W의 모음이고 사무 업무를 돕기 위해서 만들어진 S/W 입니다. 그러하기에 매일 반복하는 사무업무를 도와주는 많은 기능이 기본적으로 제공되어 있습니다. 다만, 우리가 미처 인지하지 못하여 제대로 활용하지 못하는 부분이 많습니다.

이번 Chapter에서는 MS Office 프로그램에 공통적으로 적용되는 부분에 대해서 이야기하고자 합니다. 여기서 다루는 이야기는 MS Office 뿐만 아니라 의외로 많은 프로그램에도 공통적으로 적용되는 불문율을 포함하고 있습니다. 정말 사소하고, 알고 나면 아무것도 아니지만 신경을 쓰지 않고 지나치면 고생하는 줄도 모르고 고생하게 되는 S/W프로그램의 기본 설정과 불문율들에 대한 이야기를 시작하겠습니다.

1. 누구나 알 것 같은,
그러나 잘은 모르는 "옵션"

Office 프로그램을 본격적으로 시작하기에 앞서 기본적으로 설정되어 있는 옵션을 살펴보기를 추천합니다. Office 옵션에는 생각보다 많은 내용이 포함되어 있고, 잘못된 설정은 의외로 많은 귀차니즘을 유발하게 합니다.

Office 옵션은 메뉴바에서 파일 → 옵션을 통해서 설정할 수 있습니다.

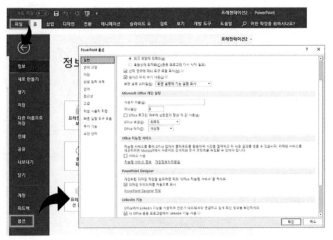

그림 1. Office 옵션 설정

옵션에서 설정하는 내용은 각 Office마다 특화되어 설정하는 영역도 있지만, 사무용 S/W라는 특징 때문에 기본적인 특성은 유사한 부분이 많습니다. 여기서는 공통적으로 적용되는 영역의 옵션 내용 위주로 살펴보겠습니다.

① 언어 교정

언어 교정 옵션은 맞춤법, 문법 검사와 자동 고침 옵션을 포함하고 있습니다. 이중 언어 교정에 포함된 옵션 중 "자동 고침 옵션"은 가끔 의도하지 않게 사람을 괴롭히곤 합니다. 예를 들어 "CNA"라는 새로운 약어가 생겨서 이를 포함한 글을 쓰고 싶을 때, 아무리 "CNA"라고 쓰고 싶어도 자동으로 "Can"으로 값이 바뀌면서 입력이 되지 않는 경우가 있습니다(자동 고침 옵션에 등록되어 있는 목록에 따라 이와 같은 현상이 발생하지 않을 수도 있습니다).

다음의 그림을 보면 자동 고침 옵션에 설정된 값 중에 "cna"라는 값이 들어오면 "Can"으로 설정하라는 내용이 포함되어 있는 것을 볼 수 있습니다. 이 설정을 바꾸지 않는 한 자동으로 바뀌는 현상은 계속되게 됩니다.

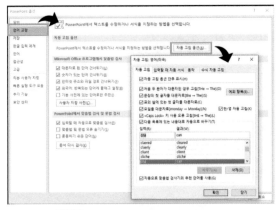

그림 2. 언어교정 → 자동 고침 옵션(cna)

이와 같은 현상을 막는 방법은 목록에서 특정 단어를 찾아서 삭
제하거나 "다음 목록에 있는 내용대로 자동으로 바꾸기"의 체크
박스를 해제하면 됩니다.

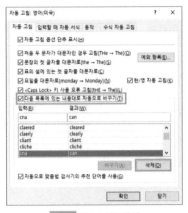

그림 3. 자동고침 해제

개인적으로는 목록에 있는 "cna" 설정 값만 지우고 자동 고침을 사용하는 것을 추천합니다. 자동 고침 설정을 잘 활용하면 자주 사용하는 특수문자 입력에 나름 소소한 도움을 줄 수 있습니다.

예를 들어 "→"와 같은 특수 문자를 자주 사용한다고 했을 경우, 아래 그림과 같이 ">>"값을 입력했을 때 "→"가 입력될 수 있게 자동 고침 옵션을 추가하면 이후 → 값을 입력하고 싶을 때에 ">>" 만 입력해도 원하는 특수 문자를 입력할 수 있습니다.

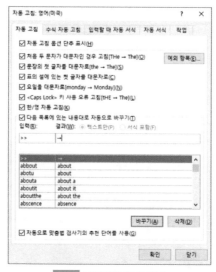

그림4. 자동고침 옵션 추가

② 저장

 Office 프로그램에는 기본적으로 자동 저장 옵션이 설정되어 있습니다. 뜻하지 않는 에러로 프로그램 또는 컴퓨터가 먹통이 되었을 때, 프로그램을 재실행하면 이전에 작업하던 내용이 살아나는 경우를 보셨을 겁니다. 이와 같은 기능이 Office 저장 옵션에서 설정되어 있습니다.

 저장 옵션에서는 자동 복구 저장 간격, 자동 복구 파일 저장 위치, 기본 로컬 파일 위치 등을 설정할 수 있습니다.

 자동 복구 저장 간격은 갑작스런 사고가 발생할 경우를 대비하기 위한 Back-up 파일을 자동 저장하는 간격을 의미합니다. 파일의 용량이 작을 경우에는 이 시간 간격이 좀 짧더라도 큰 영향은 없지만, 작업하는 파일의 용량이 커서 저장하는데 많은 시간이 필요할 경우에는 작업 중에 갑자기 컴퓨터가 느려지는 현상을 볼 수 있습니다. 대용량의 파일을 작업하게 될 때는 이 옵션의 시간을 바꾸거나 자동 복구 정보 저장 설정을 해제해서 대응할 수 있습니다.

 기본 로컬 파일 위치는 새로운 파일을 만들고 작업을 한 다음 저장 버튼을 눌렀을 때 최초의 저장 위치로 찾아가는 폴더를 의미합니다.

일반적으로 "문서" 폴더로 기본 설정이 되어 있습니다. 업무상 만들어진 자료를 저장하는 폴더가 따로 정해져 있다면, 사용하는 폴더로 설정을 미리 바꿔두면 새 문서를 저장할 때마다 폴더를 찾아가는 수고를 줄일 수 있습니다.

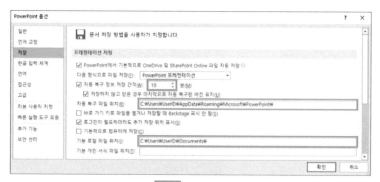

그림 5. 저장 옵션

③ 보안센터

MS Office의 강력한 기능 중 하나인 매크로 기능은 양날의 검으로 작용합니다. 내가 원하는 보다 강력하고 유용한 기능을 내마음대로 프로그래밍할 수 있는 기능을 제공하는 반면, 악의적인의도를 가지고 만들어진 바이러스나 스파이 프로그램이 확산될수 있는 위험도 내포하고 있습니다.

이와 같은 이유로 인터넷에서 가져온 파일을 열 때는 바로 열리지 않고 제한된 보기로 열도록 기본 설정이 되어 있습니다. 이와 같이 MS에서는 악용될 수 있는 위험을 최소화하기 위하여 Office에 안전장치를 심어 두었고, 동작 여부에 대해서는 설정에서 상세하게 다룰 수 있게 되어 있습니다.

보안센터는 옵션에서 선택을 하고 난 다음에 다시 한번 더 "보안센터 설정" 버튼을 클릭하여 상세 설정을 할 수 있게 구성되어 있습니다. 매크로라는 업무 잔머리의 고급 기술(?)을 사용할 용도가 아니라면 일반적인 경우에는 설정을 바꾸지 않는 것이 외부 공격을 막기에 좋습니다.

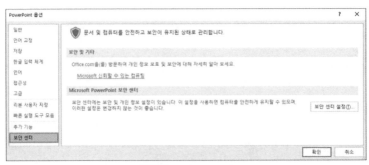

그림 6. 보안센터 옵션

매크로를 사용할 수 있게 설정하기 위해서는 신뢰할 수 있는 정보로 등록을 하거나, 매크로 전체 설정을 바꾸는 방법이 있습니다.

신뢰할 수 있는 정보로 등록하는 방법으로는 게시자, 위치, 문서 추가 기능 카탈로그 등으로 등록할 수 있는데, 저는 개인적으로 신뢰할 수 있는 위치를 사용하는 것을 추천합니다.

신뢰할 수 있는 위치에서 새위치를 추가하여 특정 디렉터리를 정해두고, 해당 디렉터리에 출처가 확실한 매크로가 포함된 파일을 저장하여 정확하게 인지하고 있는 파일만 사용하는 방법입니다.

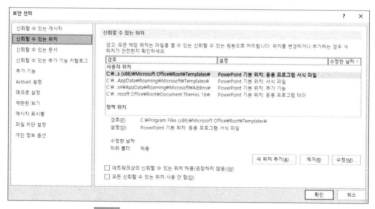

그림7 보안 센터 - 신뢰할 수 있는 위치 설정

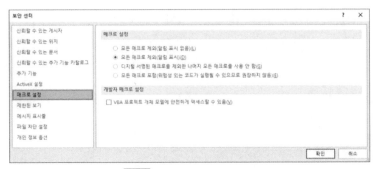

그림 8. 보안 센터 - 매크로 설정

매크로 전체에 대해서 사용여부를 설정할 수 있는 매크로 설정 탭도 있고 여기서 모든 매크로를 포함하여 사용하게 설정할 수도 있으나, 외부로부터 공격을 받을 수 있는 위험을 포함하고 있다는 것은 인지해야 합니다.

④ 고급

"고급" 옵션은 각 Office 프로그램마다 특성이 있어서 각 S/W를 다루기 전에 한번쯤 찾아서 보다 보면 의외의 편의 기능들을 찾을 수 있습니다. 반대로 지금까지 우리를 힘들게 했던 작업에 불편한 기본 설정도 바꿀 수 있습니다.

워드나 파워포인트에서 여러 사람이 작업한 문서를 모아서 취합하는 작업을 할 때, 다른 사람의 문서를 복사하여 붙여넣으면 글자 크기, Font 등의 서식이 내가 원하지 않는 형태로 바뀌어 내가 원하는 형태로 하나하나 수정하는 귀찮은 일이 발생하곤 합니다.

이와 같은 현상은 Office 프로그램에서 Default로 설정되어 있는 "고급" 옵션 → "잘라넣기/복사/붙여넣기"에 포함되어 있는 서식 자동 조정 옵션에 의해 자동으로 서식이 바뀌게 되면서 발생하는 현상입니다(엑셀의 "고급" 옵션에는 서식 자동 조종에 대한 내용이 없습니다).

그림 9. 서식 자동 조정 옵션

서식 자동 조종 옵션은 작업하고 있는 문서의 틀(Word의 경우에는 스타일, Power Pointer의 경우에는 테마 또는 슬라이드 마스터)이 정확히 잘 정의되어 있는 경우에는 매우 유용한 기능입니다. 문서에 지정된 틀에 맞게 복사하여 붙여넣은 자료의 서식을 자동으로 변경해 통일성 있는 문서를 만들어 주기 때문입니다.

하지만, 문서의 틀을 정확하게 설정하지 않은 문서라면(본격적인 자료 작성에 앞서 스타일 또는 슬라이드 마스터를 원하는 틀로 설정해 두지 않았다면) 오히려 원하지 않는 형태의 서식으로 변경시키게 됨으로써 사용자를 불편하게 만듭니다.

물론 이 경우 복사한 내용을 붙여넣자마자 선택이 가능한 "붙여넣기 옵션"에서 "원본 서식 사용"을 사용하여 서식이 자동 조정되지 않게 만들 수도 있지만, 한 번의 마우스 조작이 더 필요한 귀찮은 일이 발생합니다(복사한 내용을 붙여넣자마자 붙여넣기 옵션이 바로 뜨는 현상 또한 "고급" 설정에서 체크가 되어 있을 경우에만 동작합니다).

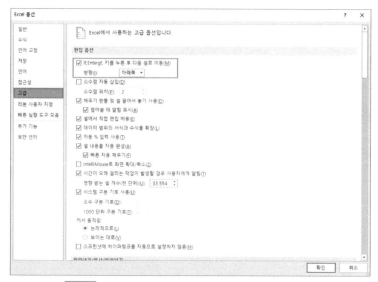

그림 10. Excel 고급 옵션 → 엔터키 누른 후 다음 셀로 이동

엑셀의 "고급" 옵션 내용 중 "편집"에 대한 부분을 보면 Enter 버튼을 눌렀을 때 커서의 이동 방향에 대한 설정도 조정할 수 있는 설정이 있습니다.

엑셀에서 커서를 아래쪽이 아닌 다른 방향(위쪽, 오른쪽 또는 왼쪽)으로 계속 이동하면서 데이터를 입력해야 하는 경우가 발생할 수 있습니다.

물론 이 경우 데이터를 입력한 다음 화살표를 이용하여 커서를 이동하며 데이터를 입력해 가는 방법도 있지만, 엔터 버튼을 눌렀을 때 기본적인 커서 이동 방향을 바꾸며 조금 더 편하게 입력할

수 있습니다. 자주 사용하게 되는 기능은 아니지만, 알고 있으면
유용하게 사용이 가능한 기능이리라 생각됩니다.

※ 커서를 오른쪽으로 이동하는 작업이 필요할 경우에는 꼭 이 옵션을 사용하지
  않더라도, "Tab" 키를 누르면 커서가 오른쪽으로 이동하는 것을 볼 수 있습니다.

⑤ 기타 옵션

　앞서 소개한 4가지 옵션 외에도 여러 가지 상세 옵션 항목이 있
습니다. 실제 프로그램을 사용하면서 비교적 민감하게 영향을 받
는 항목 위주로 살펴봤습니다만, 시간이 허락하신다면 각자 하나
하나의 옵션에서 설정이 가능한 내용을 읽어보고 가볍게 테스트
해 보시는 것을 추천합니다.

　내 작업 스타일에 따라서는 나의 업무를 줄여주거나 반대로 업
무를 방해하는 옵션이 상당히 많이 숨어 있습니다. 한번쯤은 내
시간을 투자하여 살펴볼 가치가 있습니다.

　이 점은 Office 프로그램이 아니더라도, 어떤 프로그램을 사용
하게 되시더라도 마찬가지입니다. 본격적으로 활용하기에 앞서서
옵션 또는 설정에 대한 영역을 먼저 살펴보신다면, 프로그램에 대
한 이해도를 한 단계 더 높일 수 있을 것입니다.

※ 리본 사용자 지정과 빠른 실행 도구 모음은 메뉴에 대한 내용과 연계되므로 잠시 후 다룰 "메뉴와 단축키"에서 별도로 좀 더 자세히 다뤄 보겠습니다.

2. S/W 기능 활용의 핵심
"메뉴와 단축키"

① 리본 메뉴와 빠른 실행 도구

오피스 프로그램을 사용할 때, 프로그램의 상단에는 우리가 사용하고자 하는 여러 기능들이 표시된 메뉴가 있습니다. MS Office 프로그램들은 이들 메뉴를 '리본 메뉴'라고 부르고 있습니다.

우리가 보통 메뉴라고 인식하는 영역에는 좀 더 엄밀히 말하면 빠른 실행도구 모음 영역과 리본 메뉴 영역이 섞여 있습니다. 리본 메뉴는 서로 관련 있는 명령끼리 묶어서 연관을 가지게 구성한 기본 메뉴를 뜻하고, 빠른 실행 도구 모음은 작업자가 자주 쓰는 기능을 별도로 모아서 빠르게 실행할 수 있게 도와주는 영역을 뜻합니다.

거의 모든 프로그램의 상세 기능은 메뉴에서 선택하는 것으로 진행이 되므로, 메뉴 관리는 어떤 프로그램이든 가장 중요한 영역이라고 할 수 있습니다.

그림 11. 리본 메뉴와 빠른 실행도구 모음(ppt)

　　리본 메뉴를 좀 더 세분화해서 보면 가장 큰 기능의 모임인 "탭"
과 조금 더 작은 모임인 "그룹", 실질적인 기능을 가지는 "명령 단
추"의 3가지 영역으로 나뉘어져 있습니다.

　　이 세가지 영역은 위의 그림과 같이 리본 메뉴 위치별로 구별되
어 구성됩니다. 가장 하위 영역인 "명령 단추"에서도 여러가지 유
사한 기능을 모아 그룹으로 만든 명령 단추가 있습니다. "홈" 탭의
"붙여넣기" 명령 버튼이 그룹으로 만들어진 대표적인 명령 버튼입
니다.

　　명령버튼 옆에 "▼" 모양의 버튼이 있는 경우 이 "▼" 모양의 버
튼을 누르면 그룹핑된 다른 명령 단추를 실행할 수 있습니다.

　　빠른 실행도구 모음과 리본 메뉴 또한 앞서 살펴봤던 옵션에서
상세 설정을 할 수 있습니다. 앞서 살펴보던 옵션의 "리본 사용자
지정" 항목을 보면, 우리가 사용하는 리본 메뉴가 기능별로 묶여
있는 것을 볼 수 있습니다. 그리고, 이 묶음은 우리가 보는 리본
메뉴의 묶음과 일치합니다.

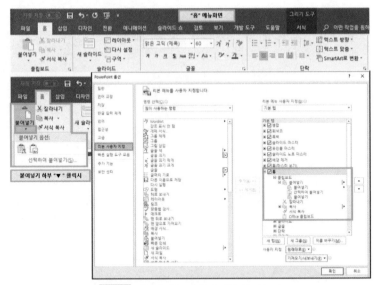

그림 12. 메뉴와 리본 사용자 지정 옵션(ppt)

그림의 리본 사용자 지정 옵션을 보면 리본 메뉴 구조가 단계적
으로 구성되어 있음을 알 수 있습니다.

"홈" → "클립보드" → "붙여넣기" → "붙여넣기" 또는 "선택하여
붙여넣기" 등과 같이 기능이 대분류에서부터 기능별로 구조화되
어 구성되어 있는 것을 볼 수 있습니다.

여기 설정된 구조는 리본 메뉴의 "홈" 탭 → "클립보드" 그룹 →
"붙여넣기" 명령 단추 → "붙여넣기", "선택하여 붙여넣기"의 형태로
동일하게 보이는 것을 볼 수 있습니다.

리본 메뉴의 강력하고 좋은 점은 사용자 지정 옵션을 통하여 메뉴 화면을 내가 원하는 대로 재구성할 수 있다는 점입니다.

사용자 지정 옵션의 우측 하부에 있는 "새 탭", "새 그룹", "이름 바꾸기"를 통해 탭과 그룹을 추가하고 이름을 바꿀 수 있으며, 가운데 있는 "추가", "제거" 버튼을 통해 명령버튼을 가져올 수 있습니다. 우측의 "▲", "▼" 버튼을 활용하여 탭과 그룹의 구성 순서를 원하는 대로 바꿀 수 있습니다.

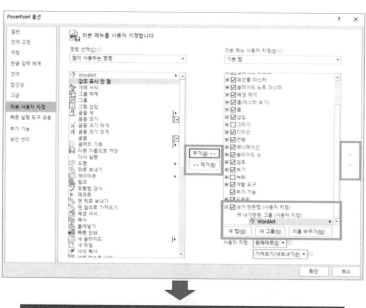

그림 13. 리본 사용자 지정을 이용한 메뉴 추가

그림 13을 보면 리본 사용자 지정 옵션에서 "내가 만든 탭"과 "내가 만든 그룹"을 추가하고, "WordArt" 명령 단추를 추가함으로써 "내가 만든 탭"이라는 메뉴가 하나 더 추가된 것을 볼 수 있습니다.

빠른 실행 도구 모음도 리본 메뉴와 마찬가지로 옵션에서 상세 설정을 할 수 있으며, 리본 메뉴에 명령 단추를 추가/삭제하는 방법과 동일한 방법으로 설정할 수 있습니다.

그림 14. 빠른 실행도구 모음 옵션

빠른 실행 도구에 명령 단추를 추가하고 삭제하는 좀 더 간단한 방법이 있습니다.

빠른 실행도구에 추가하고 싶은 또는 삭제하고 싶은 명령 단추에서 마우스 오른쪽 버튼을 누르면 빠른 실행 도구 모음에 추가 / 삭제가 가능합니다.

그림 15. 간단한 빠른 실행도구 명령버튼 추가 / 삭제

② 단축키

단축키는 이미 많은 사람이 알고 있는 것처럼 메뉴에서 실행버튼을 누르지 않아도, 원하는 실행 버튼의 동작을 하게 만드는 버튼을 의미합니다.

단축키를 잘 모르는 사람들도 대부분의 경우 복사해서 붙여넣기 즉, Ctrl + C → Ctrl + V의 단축키는 알고 자유자재로 다루고 있습니다. 이와 같은 단축키를 적극적으로 잘 활용하면 프로그램을 사용할 때 필요한 기능을 사용하는 속도를 높이는 효과가 있습니다.

단축키의 효용성에 대해서는 다들 알고 있지만, 이들 단축키 정보를 어디서 찾아야 하는지를 잘 몰라서 사용하지 못하는 경우가 많이 있습니다(사실 검색 사이트에서 단축키라는 키워드로 검색을 하면 많은 정보를 손쉽게 접할 수 있지만, 하나하나를 외우고 실제로 활용하는 것은 그렇게 쉽지만은 않습니다). 또는, 단축키 정보는 알고 있으나, 몸에 익지 않아서 실제로 활용이 잘 안 되는 경우도 많습니다.

제가 추천하는 단축키를 익히고 사용하는 방법은 메뉴를 잘 살펴보고 내가 자주, 그리고 많이 사용하는 명령단추 위주로 단축키를 하나하나 익혀 가는 방법입니다. 메뉴의 명령 버튼 위에 마우스 포인터를 올려놓고 약 2~3초가량을 마우스 움직임 없이 기다리면 해당 메뉴에 대한 간략한 설명이 나옵니다.

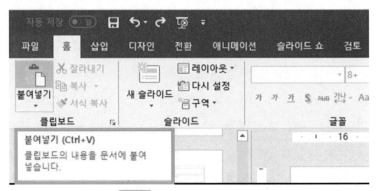

그림 16. 명령 버튼 설명(붙여넣기)

그림 16은 "붙여넣기" 명령버튼 위에 마우스를 두고 약 2초간 기다렸을 때 표시되는 간략한 설명에 대한 내용입니다.

설명 내용 중에 "(Ctrl + V)"로 단축키에 대한 내용이 포함되어 있는 것을 알 수 있습니다. 모든 명령 버튼이 이와 같은 단축키를 가지고 있는 것은 아니지만, 일반적으로 많은 사람이 사용하는 버튼의 경우에는 이와 같이 단축키 설정이 되어 있는 경우가 많이 있습니다.

단축키 설명은 Office 프로그램이 아니라 메모장과 같은 간단한 프로그램에도 포함되어 있습니다. 메모장의 메뉴바에서 포함되어 있는 명령 버튼을 보면 단축키에 대한 설명도 함께 들어 있습니다 (메모장의 경우 명령 버튼에 마우스를 올려 두고 2~3초간 기다려도 추가 설명이 나오지는 않습니다).

프로그램에 따라서 다르기는 하지만, 우리가 일반적으로 사용하는 대부분의 프로그램에서 단축키를 제공하고 있으며, 이는 명령버튼에 대한 설명 중에 보통 포함이 됩니다. 많이 사용하는 명령이 있다면 한번쯤 유심히 명령에 대한 설명을 읽어보고 단축키를 적극 활용하기를 추천합니다.

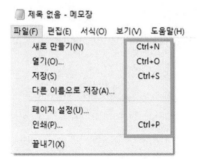

그림 17. 메모장의 "파일" 메뉴에도 단축키가 표시되어 있습니다.

　단축키가 별도로 지정되지 않은 명령 버튼 중에서도 내가 자주 사용하는 명령 버튼이 있다면 빠른 실행 도구에 명령버튼을 추가하여 단축키를 지정할 수 있습니다. 빠른 실행 도구에 있는 명령 버튼은 왼쪽에서부터 차례대로 Alt + 1, 2, 3, 4… 순서로 자동 지정됩니다.

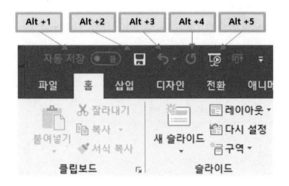

그림 18. 빠른 실행 도구 단축키

별도의 단축키가 지정되지 않은 명령 버튼도 마우스를 사용하지 않고 실행시킬 수 있는 방법이 있습니다.

"Alt" 키를 눌렀다가 떼면 메뉴에 단축키가 표시됩니다. 이들 알파벳이 표시된 상태에서 알파벳을 차례대로 누르면 리본 메뉴의 탭 → 명령 버튼으로 차례차례 접근하여 명령버튼을 실행할 수 있습니다.

그림 19. Alt를 눌렀다 뗐을 때 표시되는 단축키

예를 들어 특정 문자열을 가운데 정렬로 바꾸고자 한다면 Alt → H → C2 버튼을 차례대로 누르면 가운데 정렬 명령이 실행되는 것을 볼 수 있습니다(Office 버전에 따라서는 Alt → H → "AC" 버튼을 차례대로 눌러야 할 수도 있습니다).

말로 설명하고, 캡처한 이미지로 표현할 때 "Alt → H → C2 버튼을 차례대로 누른다"라는 설명은 복잡하고 번거롭고 까다로워 보입니다만, 실제 이와 같은 방식의 실행명령 사용이 익숙해지면 생각보다 많은 작업시간을 단축할 수 있습니다.

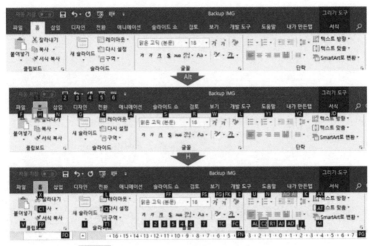

그림 20. "Alt", "H" 버튼을 누를 때의 메뉴 화면 변화

앞서 살펴본 "Alt" 버튼을 눌렀을 때 표시되는 명령버튼 중 특이하게 그룹에도 단축키가 표시되는 경우가 있습니다.

클립보드, 글꼴, 단락 등이 그 대표적인 케이스인데, 이들 그룹은 해당 버튼의 기능을 모아 구성한 별도의 창이 있을 경우에 이와 같이 표시가 됩니다. 예를 들어 어떤 Office 프로그램에서도 많이 사용하는 글꼴 그룹의 경우 글꼴 속성을 관리하는 별도의 명령 탭이 존재하는데, 이 탭 화면을 단축키로 불러낼 수 있습니다.

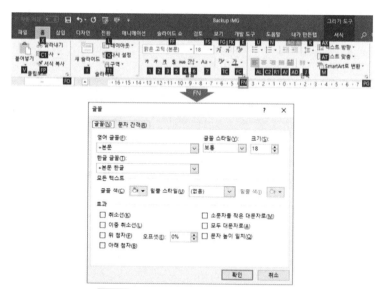

그림 21. 단축키로 글꼴 그룹 명령 탭 띄우기

명령 탭 내에서도 단축키가 표시되어 있는 것을 확인할 수 있습니다. 이들 단축키는 다시 Alt + 단축키를 눌러서 직접 설정을 할 수 있습니다.

예를 들어 영어 글꼴을 바꾸고 싶으면 글꼴 명령 탭이 표시된 상태에서 "Alt+F" 버튼을 눌러서 직접 글꼴을 키인하여 입력할 수 있습니다. 이와 같은 메뉴 활용 방식은 간단한 수정을 할 때에는 실효성이 떨어지지만, 같은 작업을 반복할 필요가 있을 경우 뒤쪽 Chapter에서 다룰 Auto hot key의 활용법과 조합을 하면 매우 강력한 힘을 발휘할 수 있습니다.

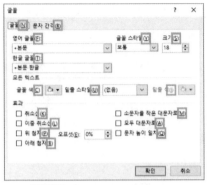

그림 22. 글꼴 명령 탭 속의 단축키

이와 같은 Alt 버튼 클릭 후 메뉴 선택과 같은 방식의 S/W 활용 방법은 Office 시스템뿐만 아니라 일반적으로 사용하는 S/W에서도 많이 적용되어 있습니다.

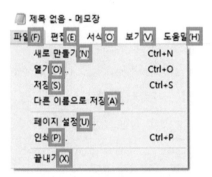

그림 23. 메모판에서도 "Alt" 버튼을 누른 후 단축키를 눌러 사용이 가능합니다.

우리가 흔히 사용하는 메모장에서도 "Alt → F → A"와 같이 차
례대로 버튼을 눌러주면 "다른 이름을 저장"을 할 수 있습니다(제
가 지금까지 사용해본 거의 모든 프로그램에서 "다른 이름으로 저장"은 "Alt
→ F → A"으로 실행이 되었습니다. 프로그램을 만드는 개발자들에게도 알게
모르게 같게 사용되는 불문율이 있는 것 같습니다).

이 외에도 윈도우에서 제공하는 수많은 단축키와 각 프로그램
별로 제공하는 단축키가 있습니다. 이들 단축키는 웹 서핑으로 쉽
게 찾아볼 수 있는데, 사람마다 컴퓨터를 활용하는 스타일이 다
른 만큼 나에게 맞는 단축키는 직접 찾아보시는 것을 추천합니다.

③ 커서의 이동과 마우스 아이콘

흔히들 문서 작업을 할 때 커서를 이동하기 위해서 주로
"PgUp", "PgDn" 키와 "←", "→", "↑", "↓"의 4방향 이동 키를 많이
사용합니다.

하지만, 마우스를 이용해 직접 클릭하는 경우에 비하여 원하는
위치로 이동하는데 버튼을 많이 누르고, 더 오랜 시간이 걸리는 경
우가 많아서 보통 키보드에서 손을 떼고 마우스를 잡았다가 편집
이 필요한 위치 근처에 커서를 둔 다음 다시 키보드 방향키로 정확
한 위치를 찾아가는 방법을 흔히 사용합니다.

특정 범위를 설정하여 삭제하거나 변경할 때 마우스로 원하는 영역을 드래그 한 다음 삭제, 또는 변경하는 방법을 많이 사용합니다. 이 방법이 일반적인 방법이긴 하지만, 경우에 따라서는 커서 이동의 몇 가지 팁을 이용하여 보다 빠르고 정교한 커서 이동 및 범위 선택을 할 수 있습니다.

표 1 커서의 이동

단축키	커서의 이동	셀의 이동 (엑셀)
Home	해당 문장의 왼쪽 끝으로 이동한다.	가장 왼쪽 열로 이동한다. (A열로 이동한다)
End	해당 문장의 오른쪽 끝으로 이동한다.	End 버튼을 누른 후 클릭된 화살표 방향으로 데이터 끝까지 이동한다.
Ctrl + 좌/우 화살표	단어 단위로 커서가 이동 한다. (띄어쓰기 또는 특수 문자까지 이동)	화살표 방향으로 데이터 끝까지 이동한다.
Ctrl + 상/하 화살표	문단단위로 커서가 이동한다.	
Ctrl + Home	작업중인 문서의 맨 처음으로 이동한다.	워크시트의 가장 첫번째 셀로 이동한다 (A1)
Ctrl + End	작업중인 문서의 맨 끝으로 이동한다.	워크시트의 데이터가 있는 마지막 셀로 이동한다.
Tab	오른쪽으로 지정된 간격 만큼 띄운다.	오른쪽 셀로 이동한다.
Enter	문단을 나누고 다음 줄로 이동한다.	아래쪽 셀로 이동한다. 단, Tab으로 이동한 이력이 있을 경우 Tab 이동이 처음 발생한 셀의 아래로 이동한다.
Ctrl + Enter	페이지를 나누고 다음 줄로 이동한다. (Word) 새 슬라이드를 추가한다. (Power Point)	변화 없음
Shift + 커서 이동	Shift를 누르기 시작한 커서 위치를 시작점으로 하여 커서 이동 방향으로 범위를 선택한다.	

공식 문서는 내게 맡겨라
"WORD"

　지금부터는 개별 Office 프로그램을 살펴보겠습니다. 먼저 Word부터 다뤄보도록 하겠습니다. Word는 주로 문자로 만들어진 문서를 작성하고 출력하기 위한 프로그램입니다.

　학창시절 레포트를 만들거나 보고서를 만들 때 사용 빈도가 높고 가장 유용한 프로그램 중 하나였습니다. 최근에는 많은 업무와 보고가 전자문서로 대체되고 프레젠테이션 위주로 진행됨에 따라 대부분의 사내 문서 작업이 파워포인트로 작성되면서 사용 빈도가 줄어들고 있지만, 계약서나 공문서 작성에는 여전히 중요한 역할을 가지고 있습니다.

본 자료에서 많은 Office 프로그램 중 가장 먼저 Word를 다루는 이유는 Word가 문자로 구성된 문서를 작성하는데 특화되어 있고, 이와 관련된 기능들을 익히기에 유용하기 때문입니다. MS Office가 사무용 문서를 만드는데 특화되어 있다는 관점으로 본다면, 문서 편집의 큰형님 격인 Word는 가장 기초가 되고 기본이 되는 툴이라고 할 수 있습니다.

1. 문서 편집의 첫걸음
"레이아웃"

  Word는 문자로 만들어진 문서를 작성하고 출력하는데 특화되어 있는 프로그램입니다. Word는 일반적으로 출력을 전제로 하여 파일을 생성합니다. 따라서 Word를 잘 사용하기 위해서는 레이아웃 설정값이 어떻게 설정되고 출력에 어떻게 영향을 미치는지를 이해할 필요가 있습니다. 종이에 출력되는 레이아웃을 이해하기 위해서는 책을 잘 살펴볼 필요가 있습니다.

  책을 잘 살펴보면 책의 내용이 종이를 모두 가득 채우는 것이 아니라 상하좌우에 일정한 간격의 여백을 두고 내용을 채우고 있습니다. 그리고 맨 위쪽 또는 맨 아래쪽에 페이지 표시, 책 제목, Chapter명 등의 정보가 일정한 위치를 차지하고 있으며, 페이지가 바뀌어도 동일한 위치에 동일한 형식으로 반복해서 정보를 제공하고 있습니다.

  이와 같이 페이지가 바뀌어도 동일한 위치에 동일한 정보를 반복하는 영역을 페이지의 상단에 있으면 머리글, 페이지의 하단에 있으면 바닥글이라고 합니다.

책을 펼쳐서 책의 페이지를 표시한 영역을 보면 왼쪽과 오른쪽의 페이지 표시방법이 다른 경우를 쉽게 찾아볼 수 있습니다(가운데 정렬로 페이지 표시를 한가운데 하는 경우도 있습니다). 대개의 경우 오른쪽 페이지의 페이지 표시 정보는 오른쪽 끝에 왼쪽 페이지의 페이지 정보는 왼쪽 끝에 표시하는 경우가 많습니다.

이와 같은 상세 설정 또한 머리글, 바닥글 설정에서 설정을 할 수 있습니다. 상세 설정에서는 오른쪽 페이지를 홀수 쪽, 왼쪽 페이지를 짝수 쪽으로 표기합니다(일반적으로 책을 만들 때 오른쪽 페이지에는 홀수 쪽이 왼쪽 페이지에는 짝수 쪽이 표기됩니다).

책에서는 잘 보이지 않지만, 책으로 만들어진 문서라면 반드시 포함하고 있는 숨겨진 여백도 있습니다. 제본용 여백이 바로 그것입니다.
어떤 방식으로 제본된 책이든 책을 펼쳤을 때 책의 가운데 부분, 즉, 짝수 쪽의 오른쪽 끝과 홀수 쪽의 왼쪽 끝은 제본을 하는 영역으로 본드를 붙이거나, 스프링을 끼우는 등의 형태로 고정시키기 위해 희생됩니다.

이와 같이 제본을 할 경우를 대비해 제본할 공간을 따로 확보하기 위하여 설정하는 여백이 제본용 여백입니다. 이 제본용 여백은 인쇄 방식이 한쪽 면만 인쇄하느냐, 양쪽 면을 인쇄하느냐에 따라 다른 옵션으로 설정됩니다. 한쪽 면만 인쇄하는 경우에는 왼쪽(또는 위쪽)에만 제본용 여백이 설정되고, 양쪽 면을 인쇄하는 경우에는 홀수 쪽과 짝수 쪽에 제본용 여백이 설정되는 위치가 다릅니다 (좌우 펼침의 경우에는 홀수 쪽은 왼쪽, 짝수 쪽은 오른쪽에 제본용 여백이 설정됩니다).

그림 24. 문서 레이아웃(좌우 펼침 기준)

이와 같은 문서 레이아웃 옵션은 레이아웃 "탭 → 여백 → 사용자 지정 여백"을 보면 상세 설정을 할 수 있는 옵션창을 볼 수 있습니다.

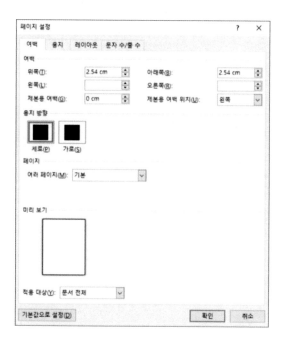

그림 25. 페이지 설정 창

2. 글의 기본단위
"단락"

 Word의 메뉴 중 글을 편집할 때 아주 중요한 역할을 하는 명령 단추 그룹으로는 "단락"이 있습니다.

 단락은 문장의 모음, 즉 문단을 뜻하는데 Word에서는 "Enter" 버튼을 눌러서 줄을 바꿀 경우 이 "Enter"버튼이 눌러진 위치를 문단의 경계로 인식합니다. 단락 그룹에 있는 명령 단추들은 이렇게 구분된 문단의 형식을 조정합니다.

① 맞춤

 단락에 있는 맞춤에 대해서 먼저 살펴보겠습니다. 흔히 왼쪽 맞춤, 가운데 맞춤, 오른쪽 맞춤은 많이들 사용하고 잘 이해하고 있는 반면, 양쪽 맞춤과 균등 분할은 그 뜻과 의미를 잘 모르고 사용하는 경우가 많습니다. 각 맞춤에 대하여 좀 더 자세히 살펴보겠습니다.

왼쪽 맞춤은 글을 쓸 때 글의 기준을 왼쪽으로 잡는 것입니다. 한 문단을 왼쪽 맞춤으로 설정했을 경우 문단의 가장 왼쪽에 가상의 가이드 선을 그어 보면 왼쪽으로 가지런히 정리된 것을 볼 수 있습니다.

반면, 문단의 가장 오른쪽에 가상의 선을 그어보면 정렬이 가지런하지 않은 것을 볼 수 있습니다. 오른쪽 정렬은 그와 반대로 오른쪽이 가지런하고 왼쪽이 가지런하지 않습니다. 가운데 정렬은 무조건 가운데로 맞추고 양쪽 끝이 모두 가지런하지 않습니다.

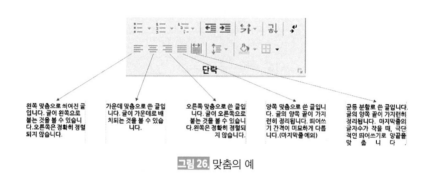

그림 26. 맞춤의 예

이에 비해 양쪽 맞춤과 균등 분할은 왼쪽과 오른쪽 양쪽 끝을 모두 가지런하게 정렬해 줍니다.

동일한 글을 왼쪽 맞춤을 했을 때는 오른쪽이 가지런하게 정렬되지 않는 이유는 글자별 폭 크기 차이와(한글은 각 글자의 크기가 균일한 반면, 영어의 경우 알파벳에 따라서 폭이 다른 경우가 있습니다. i와 l은 다른 알파벳에 비해 차지하는 폭이 훨씬 좁습니다.) 글자 폭 대비 좁은 띄어쓰기의 폭에 의한 영향입니다.

양쪽맞춤과 균등 분할은 모두 이 띄어쓰기의 폭을 자동으로 미세 조정하여 양쪽 끝이 가지런히 정렬되게 맞추는 방법입니다. 따라서 양쪽 맞춤과 균등 분할로 설정된 문단을 보면 각 줄의 띄어쓰기 간격이 미묘하게 차이가 나는 것을 알 수 있습니다.

양쪽 맞춤과 균등 분할의 차이는 문단의 마지막 줄에서 나타납니다. 양쪽 맞춤은 단락의 마지막줄의 내용이 많지 않을 경우에는 일반적인 띄어쓰기 간격을 유지하여 왼쪽 맞춤과 동일한 형태로 문단의 마무리를 합니다. 반면 균등 분할은 마지막 줄까지도 띄어쓰기를 조정하여 양 끝을 정렬합니다.

② 글머리

글머리는 글의 가장 앞에 붙는 표시 또는 숫자를 만들어 주는 기능입니다. 특히 파워포인트로 자료를 만들 때 이미 많이 사용해 보신 기능이어서 아주 친숙한 기능일 것입니다.

Word에서 보면 이 글머리에 설정되어 있는 기능은 "글머리 기호", "번호 매기기", "다단계 목록"의 세 가지가 있습니다. 이중 "다단계 목록"은 PPT에서는 제공하지 않는 기능으로 조금 더 상세한 내용을 알아보겠습니다.

다단계 목록 기능은 1~2 Page 수준의 짧은 문서를 작성할 때는 사용할 일이 그렇게 많지는 않습니다. 하지만 체계적으로 잘 정리된 장문의 공식적인 문서, 법령이나 규정, 계약서 등을 작성할 때는 알아 두면 편리한 기능입니다.

법조문을 볼 때 274조 1항 등과 같이 분류 기준에 따라 법령들을 세분화하여 서술하고 있습니다. 다단계 목록은 이와 같이 세분화된 분류로 구성된 장문의 문서를 다룰 때 글머리 번호를 체계적으로 다룰 수 있게 도움을 줍니다.

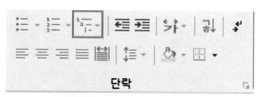

그림 27. 다단계 목록 명령 버튼

새 다단계 목록 정의로 들어가서 세부 설정 내용을 보면 분류 기준별로 구분 번호를 자동으로 설정해 주는 기능인 것을 알 수 있습니다.

이와 같은 다단계 목록 기능을 이용하여 자동 번호 부여 기능을 이용하여 문서를 수정하면 조항이 추가/삭제될 때 다시 번호를 하나하나 바꿀 필요 없이 자동으로 번호가 수정되는 것을 알 수 있습니다.

그림 28. 새 다단계 목록 정의

③ 들여쓰기 및 간격 그리고 탭

단락 그룹을 선택하면 단락에 대한 별도 명령창을 통해 상세 내
용을 설정할 수 있습니다.

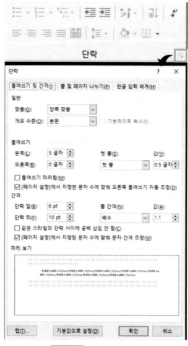

그림 29 단락 설정창

"들여쓰기"는 문단을 편집 가능한 범위에서 어느 만큼의 추가
여백을 두고 쓸 것인가를 설정하는 값입니다.

들여쓰기의 왼쪽 값을 증가시키면 그만큼 본문이 왼쪽에 여백을 더 많이 두는 것을 알 수 있습니다. 들여쓰기에서는 첫 줄과 둘째 줄 이하의 줄을 구분 관리합니다.

첫 줄의 경우 둘째 줄보다 조금 더 왼쪽으로 내어쓰거나, 오른쪽으로 들여쓰는 경우가 많습니다. 보통 본문의 경우 첫 줄은 한 칸 (0.5글자) 정도 들여쓰는 것이 보통이고, 제목의 경우 한 글자 정도 내어쓰는 것이 일반적입니다(첫 줄 값을 음수로 설정하면 그만큼 왼쪽으로 내어쓰게 됩니다).

"간격"은 줄이 바뀔 때의 간격을 설정하는 줄 간격과 문단이 바뀔 때의 간격을 설정하는 단락 앞, 단락 뒤 간격이 있습니다.

앞서 단락 Chapter를 시작할 때 Office 프로그램에서는 "Enter" 버튼을 누른 지점을 경계로 하여 단락 즉, 문단이 바뀌었다고 인식한다고 말씀드렸습니다.

따라서 이 단락이 바뀔 때는 기본적으로 설정되어 있는 줄이 바뀔 때의 줄 간격에 추가로 단락 앞/뒤 간격을 설정하게 되어 있습니다. Word나 파워포인트를 쓸 때 각 줄의 간격이 어떨 때는 너무 많이 벌어지고 어떨 때는 너무 촘촘하고, 이를 보다 정확히 설정하려고 줄 간격을 아무리 조절해도 원하는 대로 잘 조정되지 않는 경우를 종종 겪는데, 이는 대부분 단락 앞/뒤 간격 설정이 맞지 않아서 발생하는 현상입니다.

단락 명령창의 좌측 하단을 보면 "탭" 버튼을 볼 수 있습니다. 이 탭은 키보드 좌측의 Tab 버튼을 눌렀을 때 찾아가는 위치에 대한 상세한 설정입니다.

일반적으로 이 Tab 버튼은 "Space" 버튼에 비해서 비교적 넓은 간격을 한번에 띄울 수 있지만, 띄워지는 간격이 마음대로 컨트롤 되지 않아서 잘 사용되지 않는 경우가 많습니다. 하지만, 이 탭 설정의 내용을 잘 이해하면 정확하고 넓은 간격 띄움 컨트롤이 필요할 경우 유용하게 사용할 수 있습니다.

"Tab"에 아무것도 설정하지 않았을 때는 다음의 그림과 같이 기본 탭 간격만 설정이 되어 있습니다. 이 경우 내가 현재 위치에서 "Tab" 버튼을 눌렀을 때 설정된 글자 간격만큼 띄어서 이동하는 것을 볼 수 있습니다.

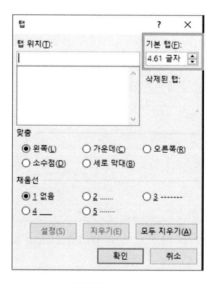

그림 30. 탭 설정

그런데, 여기 탭 위치를 추가하게 되면, 탭 버튼을 눌렀을 때 현재 위치의 오른쪽으로 가장 가까운 위치의 탭 위치까지 한번에 이동하게 됩니다.

이 탭 위치를 기준으로 하여 이후 써지는 글들이 정렬되는데, 이는 맞춤에서의 설정을 따릅니다. "맞춤"이 "왼쪽"으로 설정되어 있을 경우 탭위치로 이동한 후 이후 써지는 글은 탭의 오른쪽에 써지게 됩니다(탭 위치를 기준으로 "왼쪽 맞춤"이 되는 형태입니다).

"가운데"의 경우 "가운데 맞춤"이, 오른쪽의 경우 "오른쪽 맞춤"이 적용되게 됩니다. "소수점"의 경우 탭 위치에 숫자를 쓰게 되면 소수점을 탭 위치로 고정하여 글자를 정렬해 줍니다. 그 아래에 있는 채움선은 탭을 누른 위치까지 어떤 방식으로 채울 것인지를 설정하는 선입니다.

탭위치를 설정함에 있어서 많은 도움을 받을 수 있는 것은 바로 눈금자입니다. 눈금자는 Word나 Power Point의 상단에 붙은 자처럼 생겼는데, 실은 이 눈금자 안에는 많은 의미를 포함하고 있습니다.

먼저 눈금자를 보면 들여쓰기의 설정값에 의해 정해진 첫 줄의 시작 위치, 둘째 줄 이하 줄의 시작 위치, 단락의 오른쪽 끝 위치가 설정되어 있습니다. 이 위치는 마우스 드래그로 수정할 수 있으며, 이렇게 수정된 값은 단락의 설정값에 바로 반영이 됩니다.

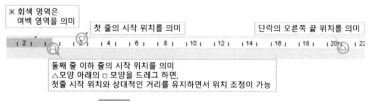

그림 31. 탭 위치가 지정되지 않은 눈금자

여기에 탭 위치를 추가하게 되면, 탭의 맞춤 형태에 따라 다른 모양의 탭 표시가 눈금자에 표시되는 것을 볼 수 있습니다.

이렇게 표시되는 눈금 또한 마우스 드래그를 통하여 위치를 이동 설정할 수 있습니다. 또는 설정되어 있는 탭을 더블클릭 함으로써 탭 설정 화면으로 바로 들어갈 수도 있습니다.

그림 32. 맞춤 형태별 탭

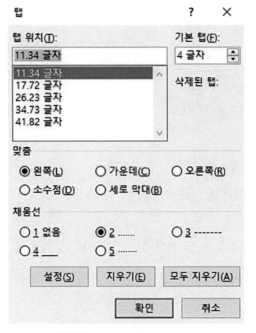

그림 33. 탭 위치가 추가된 설정창

위의 맞춤 형태별 탭을 정렬한 이미지는 5종류의 다른 맞춤형태를 가진 탭을 설정하고, 탭 1~4까지는 각각 종류별 채움 선을 설정한 이미지입니다. 각각의 종류별 탭의 특성을 정확히 이용하고 사용하시면 각 줄의 시작 위치나 끝 위치, 숫자가 표시되는 위치 등을 보다 정확하게 설정하고 맞출 수 있습니다.

3. 정식 문서의 기초공사
"스타일"

Word는 출력되는 정식 문서를 만드는데 특화되어 있습니다. 법 조문, 계약서, 논문, 레포트 등과 같이 특정한 Format을 가지고 있는 문서는 큰 제목, 작은 제목, 본문 등의 용도에 따라 단락, 글 꼴의 설정이 각각 다르게 사용됩니다.

같은 레벨의 제목, 용도 간에는 같은 Format이 설정되어야 합니다. 이를 도와주는 기능이 스타일이며, 각각의 스타일은 글꼴, 단락, 탭 등의 Format 정보와 단축키 등의 많은 정보를 가지고 있습니다.

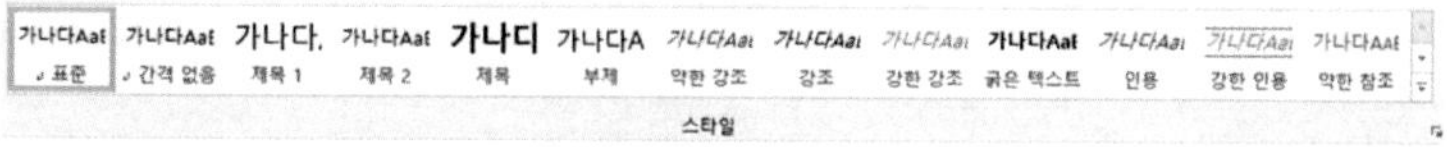

그림 34. 스타일 그룹

현재 커서가 위치한 곳의 문서에 지정된 스타일을 할당하고 싶으면 원하는 스타일에서 마우스 좌클릭을 하면 되고, 스타일의 Format을 편집하고 싶으면 편집하고 싶은 스타일에서 마우스 우 클릭을 한 후 수정을 눌러주면 됩니다.

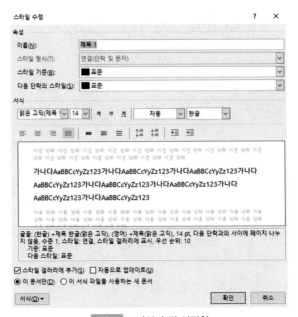

그림 35. 스타일 수정 설정창

스타일을 수정할 수 있는 설정창에서 좌측 아래에 있는 서식 버튼을 누르면 스타일에 지정된 글꼴, 단락, 탭 등의 옵션을 설정할 수 있고, 단축키로 지정할 수도 있습니다.

처음 워드 파일을 생성하면 기본적으로 몇 개의 스타일이 지정되어 있습니다. 본문, 제목 1, 제목 2… 이 중에서 특히 제목 1, 제목 2, 제목 3의 경우에는 Default로 "Ctrl + Alt + 1, 2, 3"으로 단축키가 할당되어 있습니다.

이 제목 1, 2, 3은 쉽게 큰 제목, 중간 제목, 작은 제목 정도의 개념으로 볼 수 있으며, 점차 세분화되는 작은 제목의 연결 설정이라고 볼 수 있습니다.

1~2페이지 수준의 짧은 글을 작성할 경우라면 모르겠으나, 10장 이상의 공식 문서를 쓰고 큰 제목부터 작은 제목까지 체계적으로 분류하여서 글을 쓸 필요가 있을 경우에는 처음 글을 쓸 때부터 스타일을 지정해 가면서 문서를 작성해 가는 것을 추천합니다.

나중에 글꼴, 들여쓰기나 내어쓰기 등의 단락 설정, 번호 체계 등을 바꿔야 할 때 처음 글을 쓸 때부터 스타일이 정확하게 지정되어 있었다면, 지정된 스타일의 설정을 바꿈으로써 문서 전체의 Format을 일괄적으로 변경할 수 있습니다.

잘 정의된 스타일은 앞서 살펴봤던 글머리의 다단계 목록과도 연계하여 사용할 수 있습니다.

앞서 봤던 다단계 목록의 메뉴에서 좌측 하단을 보면 "자세히"라는 옵션이 있어서 보다 상세한 설정이 가능한데, 이 설정에서 다단계 목록의 수준을 스타일과 연계할 수 있습니다.

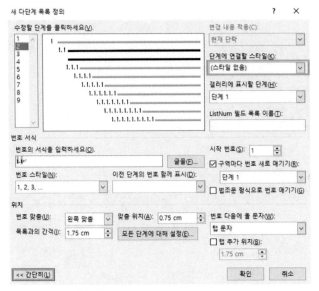

    스타일과 다단계 목록까지 정의가 정확하게 되었다면, 이후 문서를 만들 때 중간에 큰 제목, 중간제목, 작은 제목 등의 Chapter가 추가되거나 삭제되어도 해당 제목의 번호가 자동으로 증가하거나 감소하여 편집 시 매번 번호를 다시 설정하는 번거로움을 줄여 줍니다.

4. 글의 마무리
"검토"

검토 기능은 말 그대로 만들어진 문서를 검토하는 기능입니다. 맞춤법, 문법 검사, 동의어 사전 등의 기능은 완성된 자료의 완성도를 높이기 위하여 한 번 더 확인하는 기능입니다. 이 기능은 자료의 완성단계에서 각자의 필요에 의해서 한 번씩 검토 차원에서 진행하면 각 기능의 의미가 큰 어려움 없이 이해될 것입니다.

조금 신경 써서 살펴보고 이해해야 하는 기능이 변경내용 추적과 적용 기능입니다. 이 기능은 혼자서 문서를 편집할 경우 크게 필요성이 없을 수도 있으나, 공동 작업을 할 경우, 상호 수정한 내용을 확인하고 검토하기 위하여 꼭 필요한 기능이라고 할 수 있습니다.

이 기능은 문서가 거의 완성된 상황에서 상호 의견을 교환하고 수정 내용을 확인하는데 용이하게 사용됩니다. 특히 계약서나 법조문과 같이 수정을 할 때 유관 인원들의 상호 검증이 필요한 문서의 경우 변경내용을 기록으로 남기고, 변경된 내용에 대해서 상호 확인을 한 후 적용하는 과장이 필요한데, 검토 탭에서는 이와 같은 기능을 제공합니다.

사용 방법은 검토 탭의 변경내용 추적버튼을 눌러 활성화시킨 다음 변경하고자 하는 내용을 수정하면 됩니다.

그림 37. 검토 → 변경내용 추적

변경내용 추적을 켜 놓은 상황에서 작업을 하면, 변경되는 모든 내용이 기록이 되고, 이에 대해서는 변경한 사람과 변경한 내용에 대한 정보가 별도의 공간이 생성되면서 기록됩니다.

변경되는 내용은 붉은색의 밑줄 친 글씨로 기록되며, 이전 내용이 삭제되고 수정되었을 경우에는 이전 내용에 취소선을 넣고 그 옆에 수정하고자 하는 내용이 표시됩니다.

그림 38. 변경내용 추적 예

추적된 변경내용을 적용하려면, 검토 탭의 적용에서 하나씩 확인하면서 적용하거나(적용 후 다음으로 이동) 변경내용을 모두 적용하는 방법을 선택하면 됩니다.

그림 39. 변경내용 적용

변경내용 추적 및 적용 기능은 변화 내용을 추적하고, 변경작업을 한 사람이 누구인지를 기록 남기며, 추적 관리한다는 점에서 문서관리에 많은 유리한 기능을 제공합니다.

특히 계약서 작성 및 상호 검토 시에는 상호 변경하는 내용에 대하여 추적관리가 필요하므로, 이 기능을 추적 잠금 기능과 함께 사용하여 관리하기도 합니다. 반면, 이와 같은 옵션으로 문서를 저장 시에는 용량을 크게 차지하는 문제가 있으므로 사용에 주의를 기울일 필요가 있습니다.

CHAPTER

03

발표는 내가 책임지겠소
"POWER POINT"

이번 장에서 다룰 시스템은 Power Point입니다. Power Point 는 원래 발표용 자료를 만드는데 사용된 프로그램으로 정형화된 문서를 만들기보다는 발표용 문서를 만드는데 최적화되어 있습니다.

하지만, 최근 많은 업무가 프리젠테이션과 병행하여 이루어지고, 특정 Format이 정해진 정형화된 문서보다는 매번 이슈별로 압축 표현된 문서, 문자보다는 글자와 그래프 위주의 문서가 많이 사용됨에 따라 사용 빈도가 많이 증가하였습니다.

사실 Power Point의 사용에 있어서는 S/W의 어떤 기능에 대한 이해보다는 발표하고자 하는 내용, 보고하고자 하는 내용을 어떻게 잘 표현하느냐에 대한 표현기법과 내용 정리가 더 중요한 프로그램이라고 할 수 있습니다. 다만 이번 Chapter에서 다루는 잔머리(잔기술)는 조금 더 편집 속도를 높이고 단순 반복될 수 있는 일을 줄이는 방법에 대하여 고민해 보고자 합니다.

1. 디자인의 첫걸음
"테마", "슬라이드 마스터"

보통 Power pointer를 처음 실행하면 새하얀 화면에 제목과 부제목을 입력하라는 썰렁한 화면을 마주하게 됩니다(물론 2013 버전 이후부터는 처음 프로그램을 실행할 때 테마를 고르게 되어 있기도 하지만, 일반적인 경우를 생각하겠습니다. 또는 Ctrl + N을 눌렀을 때 새로 생성된 파일을 기준으로 생각해 보겠습니다).

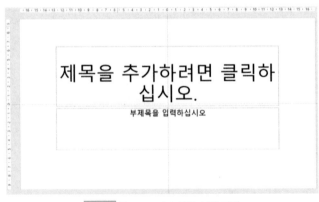

그림 40. Power point 처음 시작 화면

그림 40과 같이, 아무것도 없는 텅 빈 화면을 프레젠테이션 하기 좋은 양식으로 바꾸기 위해서는 많은 작업을 거쳐야 하겠지만, PPT에서 기본적으로 제공하는 테마를 통하여 어느 정도 수준의 화면 설정이 가능합니다.

그림 41. 디자인 탭의 명령 그룹
: 기본적으로 많은 종류의 테마가 있음을 알 수 있습니다.

그림 42. 갤러리 테마를 적용한 화면

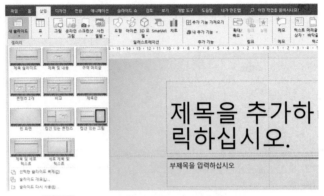

그림 43. 테마를 적용한 후 삽입 → 새 슬라이드 선택화면

테마를 선택하고 나면 이전에 작업했던 문서의 디자인도 모두 일괄적으로 바뀌고, 슬라이드를 추가할 경우 추가하는 슬라이드의 Lay-out도 다양한 Lay-out이 추가된 것을 볼 수 있습니다.

이들 Lay-out은 좀더 우리가 원하는 형태로 바꿀 수가 있는데, 이는 "보기" → "슬라이더 마스터"를 통해 상세 설정할 수 있습니다.

그림 44. 슬라이드 마스터 명령 단추

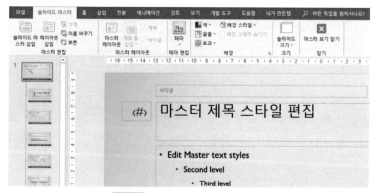

그림 45. 슬라이드 마스터 상세 설정

슬라이드 마스터에는 화면이 여러 장 들어있는데, 각 페이지가 다른 디자인을 가지고 있고, 이 디자인들은 삽입 → 새 슬라이드 추가 시 고를 수 있었던 디자인들과 일치하는 디자인입니다.

즉, 이 마스터에서 레이아웃을 추가하고 원하는 디자인을 설정해 두면 자료를 만들 때 미리 만들어 둔 레이아웃에서 선택하여 사용할 수 있습니다. 이 슬라이드 마스터 구성 시, 주의해서 설정해주면 좀 더 편하게 업무를 할 수 있는 설정이 있습니다. 이들 설정을 살펴보도록 하겠습니다.

그림 46. 슬라이드 마스터 주요 명령 버튼

① 마스터 레이아웃

　마스터 레이아웃은 슬라이드 마스터에서도 마스터 슬라이드(가장 위에 있는 슬라이드)에서만 설정이 가능하고, 슬라이드에서 사용할 레이아웃들을 설정하는 기능입니다.

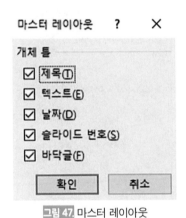

그림 47. 마스터 레이아웃

마스터 레이아웃에서는 제목, 텍스트, 날짜, 슬라이드 번호, 바닥글을 선택 또는 해제할 수 있게 되어 있는데, 여기서 설정이 되어 있지 않으면 슬라이드에서 설정된 특성의 개체는 삽입이 불가능합니다. 자동으로 날짜를 넣거나 슬라이드 번호, 또는 바닥글을 편집하여 추가하고 싶은 경우에는 마스터 레이아웃에서 위의 항목들이 모두 체크되게 먼저 설정해 둬야 합니다.

② 색

슬라이드 마스터의 색 버튼을 누르면 다양한 색상 구성이 설정되어 있는 것을 볼 수 있습니다.

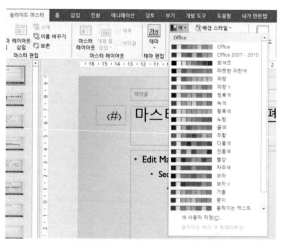

그림 48. 슬라이드 마스터 → 색

여기서 설정된 색 구성은 우리가 일반적으로 그림이나 글자색을 바꿀 때 보는 색 구성표와 동일한 구성을 가지고 있습니다.

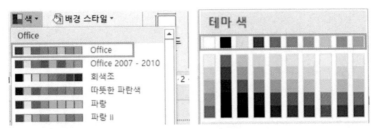

그림 49 슬라이드 마스터의 색 옵션과 색깔 변경 시 선택 가능한 테마색

위의 그림을 보면 테마색의 첫 번째와 두 번째 색을 제외한 세 번째 색깔부터 마지막 색깔까지의 설정 자체가 슬라이드 마스터에 설정된 색 옵션의 설정과 동일함을 알 수 있습니다(두 번째 색과 세 번째 색은 순서가 바뀌어 있습니다).

이는 슬라이드 마스터에서 색 옵션을 바꾸면 그에 따라서 Power Point 내부 문서에 있는 테마색으로 설정된 색깔들이 함께 바뀌게 됩니다. 테마색 아래에 있는 색깔들은 상위에 있는 테마색의 명도만을 조절하여 표기된 색깔로 테마색이 변경되게 되면 같은 기준으로 자동으로 바뀌게 됩니다.

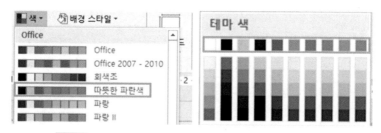

그림 50. 따뜻한 파란색으로 색 설정 변경 시 선택 가능한 테마색

이들 테마색은 각각이 색의 이름을 가지고 있고, 이 구성 또한 사용자 마음대로 지정이 가능합니다(Office에서 기본적으로 사용하기 용이한 구성은 여러 가지 이름으로 먼저 제공하고 있습니다). '슬라이드 마스터 → 배경 → 색'에서 색 사용자 지정을 선택해서 내가 원하는 색 구성으로 테마를 꾸밀 수 있습니다.

그림 51. 사용자 지정 테마색 만들기

사용자 지정 테마색 설정에서 보면 각 테마 영역의 색깔은 고유의 이름을 가지게 되며, 이 이름들은 이후 다루게 될 Smart Art에서도 색깔 구성을 변경할 때 색깔이 변하게 되는 구성 원리를 이해하는데 도움이 됩니다.

③ 글꼴과 기본도형

슬라이드를 추가하고, 내용을 추가하면서 텍스트 상자를 추가하면 처음에 설정되어 있는 글꼴이 있습니다. 일반적으로 맑은 고딕이 적용되어 있는데요, 자주 사용하는 글꼴이 있을 경우에는 매번 텍스트 상자를 추가할 때마다 글꼴 변경을 해줘야 하는 번거로움이 있습니다(별거 아니라면 별거 아니지만, 자료를 만들 때 Text Box를 추가할 때마다 5~10초는 글꼴을 다시 설정하는데 시간을 빼앗깁니다).

슬라이드 마스터 정보에 글꼴 정보를 추가로 입력해 두면, 이와 같은 번거로움은 최소화할 수 있고, 자주 사용하는 글꼴도 글꼴 검색 시 가장 위에 테마 글꼴로 올라오게 되어서 편집 시간을 아주 조금이나마 단축할 수 있습니다. 또한 모든 글꼴이 테마 글꼴로 지정이 되어 있을 경우에는 테마 글꼴을 바꾸면 모든 글꼴이 동시에 바뀌게 되어, 일괄 편집이 용이합니다.

그림 52. 사용자 테마 글꼴을 만들고 원하는 글꼴을 설정한 옵션

그림 53. 테마 글꼴 설정 후 글꼴 변경 선택 시
(최상단에 설정된 테마 글꼴이 표시됩니다)

글꼴 이외에 기본도형도 설정이 가능합니다. 도형을 그림에 있어서도 특별히 설정을 하지 않으면 각종 도형을 그릴 때 검은색 외곽선에 파란색으로 채워진 도형이 그려지게 됩니다(Office 버전에 따라 초기 설정은 차이가 있습니다).

이 부분 또한 내가 자주 사용하는 도형의 구조가 있다면(저는 특정영역을 강조하기 위해 테두리를 자주 사용하므로 굵은 붉은색 외곽선에 도형 내부는 투명하게 하는 설정을 자주 사용합니다.) 이와 같은 구조의 도형을 하나 만들고, 마우스 오른쪽 클릭을 통해 기본 도형으로 설정해 주면, 매번 도형을 그릴 때마다 설정을 바꾸는 번거로움을 피할 수 있습니다.

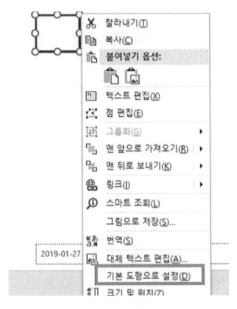

그림 54. 기본 도형으로 설정 탭

④ 테마 저장과 재사용

　내가 원하는, 내가 자주 사용하는 슬라이드 마스터가 모두 설정되었다면, 설정된 내용을 테마로 만들어서 저장할 수 있습니다. 슬라이드 마스터에 들어간 상태에서 테마 → 현재 테마 저장을 통해 저장할 수 있으며, 이렇게 저장된 테마는 디자인을 통해 확인할 수 있습니다.

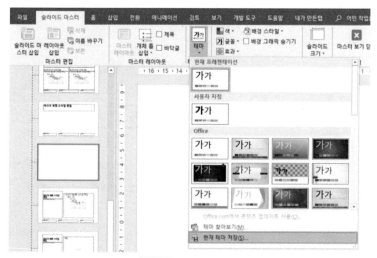

그림 55. 현재 테마 저장

　이렇게 저장된 테마는 본문에서도 디자인 → 테마에서도 조회가 가능한데, 조회된 테마 위에서 마우스 우클릭을 하면 "기본 테마로 설정"이 가능합니다.

여기서 기본 테마로 설정하게 되면, 이후 새롭게 ppt 파일을 생성할 때 설정된 테마 화면으로 시작하게 됩니다.

그림 56. 기본 테마 설정

2. 똑똑해야 할 텐데…
"Smart Art"

프레젠테이션용 자료를 만들다 보면 텍스트 정보를 시각화된 도형으로 표현하는 것이 필요한 경우가 많습니다. 이때 우리는 필요한 형태의 도형을 모아서 여러 가지 다이어그램을 그리게 되는데, 항목이 추가되거나 제외될 때, 그리고 여러 도형을 모아서 위치를 정확하게 잡을 때 많은 시간을 소요하게 됩니다.

이와 같은 일련의 업무를 스마트하게 도와주기 위해 도입된 툴이 Smart Art입니다.

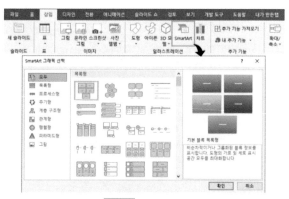

그림 57 Smart Art

Smart Art는 삽입 탭의 일러스트레이션에서 선택할 수 있으며, Smart Art를 고르게 되면 다양한 Smart Art 그래픽이 추천됩니다.

우리가 흔히 사용하는 다이어그램의 일반적인 형태가 상당 부분 포함되어 있으며, 항목의 수가 늘어나거나 줄어들 경우 이와 같은 변동 내용이 자동 반영됩니다.

스마트 아트를 선택하였을 경우에는 다이어그램에 들어갈 내용을 채우면 그 내용에 맞게 자동으로 다이어그램이 구성해 주는 기능을 제공합니다. 다이어그램을 하나하나 직접 그리는 것에 비해서 자유도는 떨어질 수 있지만, 내용을 구성하고, Diagram을 그려보고, 편집하는 3단계의 작업을 한 번에 마무리할 수 있다는 점은 굉장히 매력적인 요소임에는 틀림없습니다.

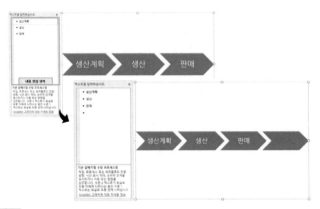

그림 58. 갈매기형 프로세스형 Smart Art로 다이어그램을 작성한 후 항목 추가 시

처음 Smart Art를 적용했을 때 다이어그램은 단색의 다이어그램을 그려주는데, 이 색깔의 편집은 "Smart Art 도구" → "디자인"에서 다시 설정할 수 있습니다. 이때 색 변경의 구성을 보면 각 색상명이 친숙한 것을 알 수 있습니다.

그림 59. Smart Art 색 변경 옵션

바로 조금 전 테마 영역을 다루면서 나왔던 테마색의 각 색상을 뜻하는 이름이 이곳 스마트 아트의 색 변경내용에서도 보이는 것을 알 수 있습니다.

3. 좌우로
"정렬"

앞서 살펴본 Word에서는 처음부터 끝까지 쭉 이어진 하나의 문서를 만든다는 느낌이 강했다면, Power Point는 각 슬라이드별로 독립적으로 구성되는 느낌이 강합니다.

한 슬라이드 안에 하나의 완결된 내용을 담기 위하여 여러 개체가(그림, 도형, 동영상, 문자열 등) 유기적으로 구성되어 입력되고 그 위치가 다양하게 배치됩니다.

Smart Art를 다루면서 프레젠테이션용 자료를 만들 때 자주 사용될 법한 다이어그램을 쉽게 그릴 수 있는 툴을 다루어 봤습니다.

Smart Art가 강력하긴 하지만, 역시 모든 것을 소화할 수는 없고, 필요에 따라서 많은 자료는 하나하나 직접 그리고, 편집하게 됩니다. 이렇게 편집되는 개체가 한 화면 안에서 줄 맞추어 정렬되고 정확한 위치에 배열되는 것은 사소한 듯 보이지만 매우 중요한 내용입니다.

아무리 전문적인 내용을 잘 다루더라도, 개체의 배치가 잘 정렬되지 않고 들쭉날쭉한 모습을 보이면 자료의 신뢰성까지도 낮아지는 느낌이 들기 때문입니다.

Office 2013부터는 스마트 가이드가 지원되어서 각각의 개체를 간격이 동일하게 배치하거나 위 또는 왼쪽 또는 가운데를 기준으로 동일한 위치에 정렬시키는 것이 용이해졌지만, 그렇다고 해도 빠른 편집과 정확한 배치를 위해서는 정렬에 있는 맞춤 기능을 활용하는 것을 추천합니다.

맞춤 기능은 "홈" 탭 → "그리기" 그룹 → "정렬" 명령 → "맞춤" 명령 버튼으로 찾아 사용이 가능합니다.

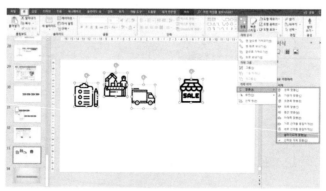

그림 60. 홈 → 정렬 → 맞춤

맞춤 명령 중 많이 사용하는 맞춤의 형태로는 "왼쪽 맞춤", "위쪽 맞춤", "가로 간격을 동일하게", "세로 간격을 동일하게" 등이 있습니다.

왼쪽 맞춤(위쪽 맞춤)의 경우에는 선택된 여러 개의 개체 중 가장 왼쪽(위쪽)에 있는 개체를 기준으로(고정시키고) 왼쪽(위쪽) 끝이 일직선상에 놓이게 이동합니다.

가로(세로) 간격을 동일하게 의 경우에는 가로(세로) 방향으로 가장 양 끝에 있는 개체를 기준으로(고정시키고) 그 사이에 있는 개체들을 동일한 간격으로 위치하게 이동합니다.

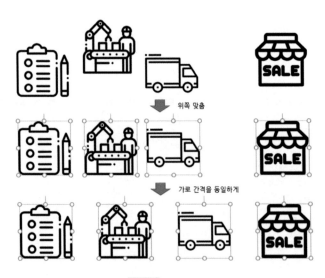

그림 61. 맞춤 조정

이 맞춤 메뉴는 상당히 자주 사용되는 기능임에도 불구하고, 리본 메뉴에서 찾아가기가 상당히 번거로운 편에 속하는 기능입니다. 따라서, 다음의 두 가지 방법 중 한 가지를 사용하는 것을 추천합니다.

1. 자주 사용하는 맞춤을 "빠른 실행 도구"에 등록하여 사용한다.
2. 단축키로 사용한다. "Alt" → "H" → "G" → "A" → "T"(위쪽 맞춤)

단축키로 사용하는 방법은 글로 쓰고 보면 아주 번거롭고 시간이 많이 걸릴 것처럼 보이지만, 실제로 익숙해지면 마치 타자치는 기분으로 금방금방 편집할 수 있습니다.

4. 공동 작업의 일등 공신
"검토"

검토 기능은 앞서 살펴본 Word에서의 검토 기능과 유사한 기능을 합니다. 특히, 공동 작업을 할 경우, 상호 수정한 내용을 확인하고 검토하고 반영하는데 큰 도움을 주는 기능입니다.

초기 버전의 문서를 공유하고, 각자 수정할 내용을 수정하여 수령한 다음 검토의 비교 명령 버튼을 통하여 상호 변경된 내용을 확인하고 업데이트하는 기능을 제공합니다. 이는 마치 Word의 변경내용 추적, 적용 기능과 유사하게 적용됩니다.

워드의 경우 동일한 파일에서 변경된 내용이 모두 기록되어 하나의 파일로 변경내역을 확인하고 적용해 나가는 반면, Power Point에서는 비교할 파일을 함께 읽어와서 변동된 내용을 비교, 적용할 수 있게 해 줍니다.

그림 62. 검토 탭 → 비교 명령버튼 선택 시 비교할 파일을 불러오는 창이 열립니다.

그림 63. 변경된 내용이 표시되고, 적용 버튼을 눌러서 적용 여부를 결정할 수 있습니다.

CHAPTER
04

분석은 내가 왕이외다
"EXCEL"

  엑셀은 표형태의 데이터를 전문적으로 다루는 스프레드시트 프로그램으로, Data 분석에 있어서 강력한 힘을 발휘합니다.

기본적으로 제공되는 피벗 테이블은 물론 막강한 함수와 프로그램이 가능한 매크로까지, 현장에서 수집되는 데이터의 분석과 보고서 작성에 가장 강력한 힘을 발휘하는 프로그램이라고 할 수 있습니다.

1. Excel이 이미 표인데 왜?
"표 지정"

엑셀은 스프레드시트 프로그램으로 이미 표와 같은 형태의 데이터를 가지고 있음에도, 엑셀의 기능 내에 표를 지정하는 기능이 있습니다. 이게 무슨 의미가 있는가 싶은 생각이 들기도 하지만, 엑셀에서 표로 정의한다는 것은 몇 가지 정해진 규칙을 지킨다는 전제하에서 데이터를 좀 더 효율적으로 관리할 수 있는 편리한 기능을 제공하겠다는 의미를 가집니다.

표로 정의된 영역의 제약조건을 살펴보면 다음의 두 가지 정도를 들 수 있겠습니다.

첫째, 표로 정의된 영역 내에서는 셀 병합이 불가능합니다. 이는 각각의 칸에 있는 데이터가 모두 독립된 데이터로 의미를 가진다는 제약조건 때문입니다. 이 때문에 보통 보고용 자료를 만들 때에는 내가 원하는 형태로 데이터 형태를 변경하는데 제약이 있기 때문에 표로 정의된 영역은 활용이 어렵습니다. 원천 데이터의 영역은 별도 Sheet로 모아서 표로 정의하여 활용하고, 보고용 자료는 또 하나의 별도 Sheet로 작업하는 것을 추천합니다.

둘째, 반드시 머리행이 있어야 하며 머리행의 이름은 중복되어서는 안 됩니다. 표로 정의된 영역에서 머리행은 각 열이 가지는 데이터가 어떤 데이터인지를 의미하는 구분자이면서 범위입니다. 따라서 중복이 되어서는 안됩니다(엑셀 내에서는 중복이 되는 상황이 되면 나중에 생성된 이름에 숫자를 추가하면서 자동으로 중복을 피하게 되어 있습니다).

표를 지정하는 방법은 표로 만들 데이터에 커서를 둔 상태에서 "삽입" → "표"를 누르거나 단축키 "Ctrl"+"T"를 눌러 지정할 수 있습니다.

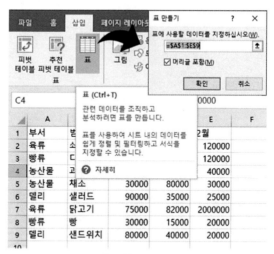

그림 64. 표 지정

표를 지정하면 데이터의 영역과 머리글 포함 여부를 체크하게 되어 있는데, 첫 번째 행이 각 열의 제목에 해당하는 머리글 형태로 정리되어 있다면 머리글로 체크해 두면 자동으로 표의 열 이름으로 지정됩니다.

머리글 포함의 체크박스를 해제하고 표로 생성하면 자동으로 "열 1", "열 2"…와 같은 형식으로 머리글이 생성되면서 표가 만들어지게 됩니다.

부서 ▼	범주 ▼	10월 ▼	11월 ▼	12월 ▼
육류	쇠고기	90000	110000	120000
빵류	디저트	25000	80000	120000
농산물	과일	10000	30000	40000
농산물	채소	30000	80000	30000
델리	샐러드	90000	35000	25000
육류	닭고기	75000	82000	2000000
빵류	빵	30000	15000	20000
델리	샌드위치	80000	40000	20000

그림 65. 표로 지정된 데이터

위의 그림처럼 표로 지정하게 되면 양식이 바뀌게 된 것을 볼 수 있습니다. 친절하게도 홀수행과 짝수행의 색깔을 다르게 넣어주어서 구분하기도 쉽게 자동으로 양식이 바뀌는 것을 볼 수 있습니다.

이와 같은 양식은 리본 메뉴의 "표 도구" → "디자인" → "표 스타일"에서 표 스타일을 지정함으로써 색 구성을 바꿀 수 있습니다(리본메뉴의 표 도구는 표 범위 안에 커서를 두었을 때에만 선택이 가능합니다). 표 상태를 해제하고 다시 원래 상태로 돌리고 싶으면 "표 도구" → "디자인" → "도구" → "범위로 변환" 명령 버튼을 이용하여 표 상태를 해제할 수 있습니다.

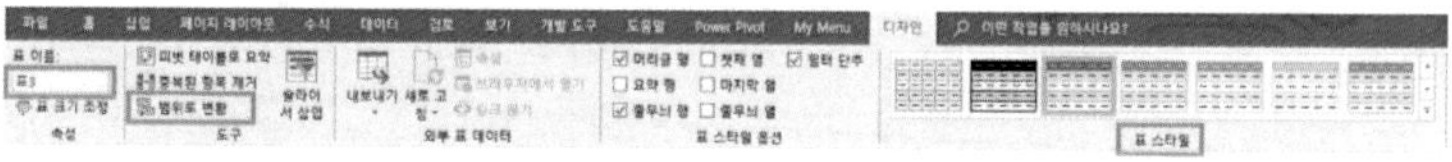

그림 66. 표 디자인 명령버튼(표 이름, 범위로 변환, 표 스타일 등)

표 도구의 "디자인" 탭에서 표 이름도 선택하여 변경할 수 있는데, 이후 함수식에서 범위를 불러올 때 셀 위치를 이용하는 것이 아니라 이들 표 이름과 열 이름을 활용하면 보다 유용하게 사용이 가능합니다.

또한 이 표 범위에서는 피벗 테이블로 요약, 슬라이서 삽입 등의 부가 기능이 포함되어 있어서 표로 지정된 영역의 제약 조건만 명확히 이해하고 지켜준다면 데이터 가공, 취합, 분석에 보다 유용합니다.

표 영역에 행 또는 열이 추가되어 데이터를 추가로 입력하면 표의 범위가 자동으로 확장되는데, 이점 또한 엑셀로 데이터를 다룰 때 상당한 도움이 됩니다.

표로 지정하지 않고, 범위로 선택된 상태에서 셀의 주소를 기준으로 범위를 정하고 수식을 걸어 두면 나중에 데이터가 추가될 경우에는 다시 수식을 변경해야 하는 어려움이 있지만, 표로 지정해 두고 함수에서 계산하는 범위를 표 이름 기준으로 정해두면 데이터의 추가 변경이 있더라도 수식을 다시 변경하지 않아도 됩니다.

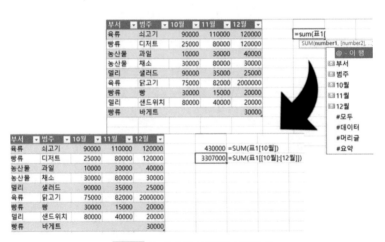

그림 67. 표 머리글로 범위를 설정한 예

수식 열에 표 이름을 입력한 다음 " ["를 누르면 범위를 따로 설정할 수 있는 것을 볼 수 있는데, 표 전체를 고르거나, 각 열의 머리글 이름을 이용하여 해당열의 데이터 전체를 범위로 선택할 수도 있습니다. " [", "] "를 추가하여 그 안에 여러 개의 열을 추가로 범위를 넣을 수도 있습니다.

그림 68. 행이 추가되면 표의 범위가 자동으로 확장되는 것을 알 수 있다.

표로 지정하게 될 경우 추가로 "슬라이서"를 추가하여 넣을 수가 있는데, 이 슬라이서는 필터를 손쉽게 설정할 수 있게 도와주는 역할을 합니다.

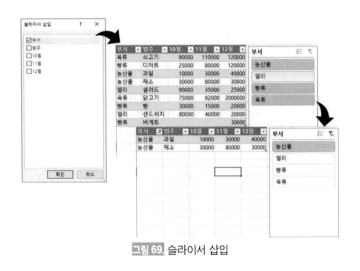

그림 69. 슬라이서 삽입

2. 일등 일꾼
"함수"

엑셀에는 다양한 함수식이 포함되어 있습니다. 이들 함수식을 얼마나 많이 알고, 잘 활용하느냐가 엑셀을 활용하는 기술을 직·간접적으로 알아볼 수 있는 척도라고도 할 수 있습니다.

이 함수를 익히는 방법으로는 책이나 동영상 강의를 통해서 찾을 수도 있겠지만, 저는 오피스 프로그램에서 자체적으로 제공하는 도움말을 활용할 것을 추천합니다.

엑셀에서는 기본적으로 생각보다 많은 기능의 함수를 제공하고 있으며, 모든 함수는 예시를 포함한 도움말을 제공하고 있습니다. 함수의 선택 및 도움말 접근은 Excel의 수식 입력 칸 옆에 보이는 "fx"기호를 Click 하여 "함수 마법사"를 띄워 도움을 받을 수 있습니다.

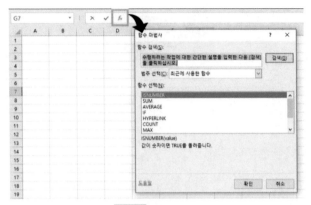

그림 70. 함수 마법사

예를 들어 직장인들이 가장 많이 사용하는 함수 중 하나라고
할 수 있는 "vlookup"이라는 함수를 사용할 때에도 도움말을 통
해 보다 상세한 정보는 물론 함수식의 사용 예를 찾아봄으로써
"vlookup"이라는 함수를 몰랐더라도 도움말을 통해 정보를 습득
하고 사용할 수 있습니다.

특히 도움말의 마지막 부분에 설명되어 있는 예시 내용을 참고하면 실제 사용하는 방법을 보다 쉽게 이해할 수 있습니다(On-Line 도움말을 검색할 경우 동영상 예시도 포함되어 이해를 돕고 있습니다).

그림 71. 함수 마법사 및 도움말

사실 엑셀에서 사용하는 모든 함수를 익히고 사용한다는 것은 쉽지 않은 일입니다. 오히려 그보다는 필요할 때 필요한 함수를 잘 찾아서 사용하는 것이 보다 유용한 방법이 아닐까 생각합니다.

나 스스로 찾아서 공부를 하는 것도 방법이겠지만, 엑셀을 잘 사용하는 다른 사람이 만든 자료를 참조하고, 만들어진 수식을 참고하여 나에게 필요한 기능을 하나씩 익혀 간다면 이 또한 업무의 잔머리를 키우고, 필요한 작업을 할 때 도움이 되리라 생각됩니다.

여기서는 직장 생활을 하면서 비교적 자주 사용하게 되는 함수를 간략히 표로 정리해 보고자 합니다(어디까지나 저의 개인적인 의견 하에 유용한 함수 위주로 정리하였습니다). 사람에 따라 선호하는 함수도, 함수를 활용하는 방법도 다르기 때문에 여기서 소개된 함수가 전부는 아님을 알고, 참고만 하셨으면 합니다.

표 2. 주요 엑셀 함수

함수	기능 및 특이사항
sum	선택된 범위의 총 합을 구한다
average	선택된 범위의 평균값을 구한다
min	선택된 범위의 값중 최소값을 구한다
max	선택된 범위의 값중 최대값을 구한다
subtotal	선택된 범위의 중간 계값을 구한다(총합, 평균값, 최소값, 최대값 등) 숨겨진 영역을 계산에 포함할지에 대한 선택이 가능하다 선택된 범위 내에 다른 subtotal 함수가 있을 경우 다른 subtotal값을 무시하고 계산한다 (sum을 쓸 경우 범위를 잘못 선택하면 중복합계가 잡혀서 결과가 과다하게 계산될 수 있다)
counta	선택된 범위에서 비어 있지 않은 셀의 수를 구한다
if	주어진 조건에 따라 다른 명령을 선택적으로 내린다
countif	선택된 범위에서 주어진 조건에 맞는 셀의 개수를 집계한다
sumif	선택된 범위에서 주어진 조건에 맞는 셀의 값을 모두 더한 값을 구한다
rank	선택된 범위 내에서 정해진 값이 몇번째 값인지를 구한다
vlookup	선택된 범위에서 주어진 값과 같은 값을 찾고, 비교 값과 같은 줄에 있는 필요한 값을 가져온다
round	반올림한 값을 구한다
roundup	올림한 값을 구한다
rounddown	내림한 값을 구한다
left	선택된 셀의 값 중 왼쪽에서부터 지정한 글자수 만큼의 문자 값을 가져온다
right	선택된 셀의 값 중 오른쪽에서부터 지정한 글자수 만큼의 문자 값을 가져온다
mid	선택된 셀의 값 중 지정된 중간 위치에서부터 지정한 글자수 만큼의 문자 값을 가져온다
len	선택된 셀의 글자수가 몇 개인지 찾아준다
find	선택된 셀의 값에서 찾고자 하는 문자가 몇 번째 위치인지를 찾아준다
trim	선택된 셀의 값에서 양끝 쪽에 있는 공백을 제거한다

※ 밑줄 친 함수는 조금은 활용법이 어려우나 엑셀 활용 능력을 한단계 업그레이드시켜줄 수 있는 함수로 꼭 한번 도움말을 찾아보고 연습해 보기를 추천하는 함수입니다.

3. 분석의 Ace of Ace
"피벗 테이블"

피벗 테이블은 엑셀에서 기본적으로 제공하는 가장 강력한 분석 기능 중 하나라고 할 수 있습니다. 선택된 범위의 Data를 분류하고 취합하여 분석하는 작업을 몇 번의 클릭만으로 할 수 있게 기능을 제공하고 있습니다.

예를 들어 앞서 살펴봤던 부서별, 상품별 월별 매출을 정리한 Data를 부서별로 월별실적을 합계한 값을 구하고 싶다고 했을 경우, 이 피벗 테이블을 활용하면 분석, 취합된 값을 구할 수 있습니다.

사용 방법은 피벗 테이블로 만들고 싶은 영역을 선택하고, "삽입" 탭 → "표" 그룹 → "피벗 테이블" 명령 단추를 눌러 피벗 테이블 틀을 만들고, 열과 행, Σ 값을 넣고 싶은 영역에 필요한 값을 끌어넣으면 완성됩니다.

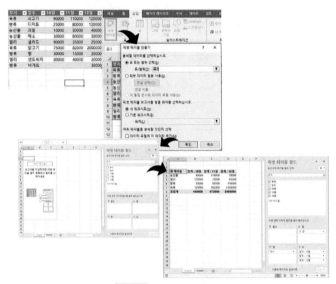

그림 72. 피벗 테이블 생성

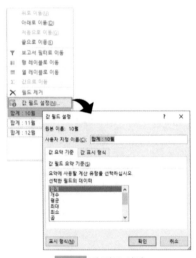

그림 73. 값 필드 설정

Σ 값의 각 값을 클릭하면 "값 필드 설정"이라는 메뉴창을 호출할 수 있는데, 이를 통하여 여러 가지 설정을 바꿀 수 있습니다. 분석된 피벗 테이블에서 을 통하여 다른 형태의 분석값을 가져올 수 있습니다. 합계, 개수, 평균, 최대, 최소 등의 값이 그것입니다.

피벗 테이블로 만들어진 정보는 원본 데이터 정보와 실시간으로 연결되어 있는 정보가 아니라, 피벗 테이블을 만들기 위하여 시스템 내부적으로 정리된 정보를 별도로 가지고 있습니다. 따라서 원본 데이터의 변경사항이 발생할 때에는 변경된 내용을 새로 반영해 줘야만 피벗 테이블에는 변경된 내용이 반영됩니다.

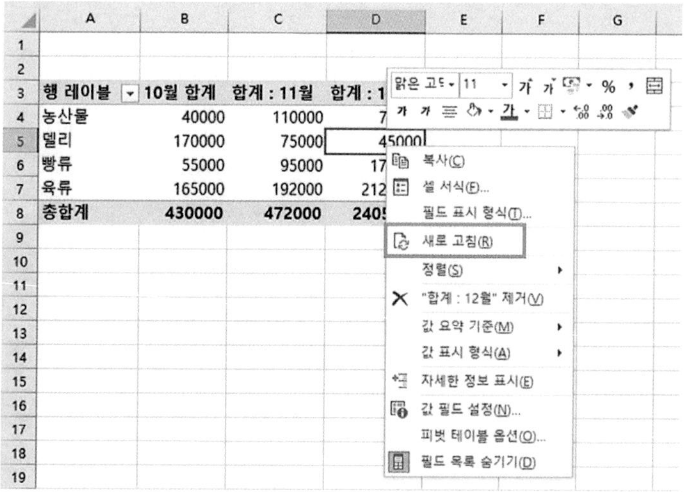

그림 74. 피벗 정보 새로 고침

피벗 테이블을 만들 때, 분석할 데이터의 영역은 가능하면 표로 만드는 것을 추천합니다. 일반적으로 엑셀에서 정해진 데이터 영역을 표로 설정하지 않고 사용하는 데에는 여러 가지 이유가 있겠지만, 가장 큰 원인 중 하나는 표로 설정된 영역은 편집의 제약조건이 있다는 것입니다.

피벗 테이블의 데이터 영역의 값에도 제약조건이 있는데, 이 제약조건은 표의 제약조건과 일치합니다. 즉, 병합된 셀이 없어야 하고 모든 열에 머리글행이 있어야 하며 머리글행의 값은 중복이 없어야 합니다(병합된 셀이 있을 경우 피벗 테이블을 생성할 수는 있으나 분석 값은 정확하지 않습니다).

제약조건으로만 봤을 때는 표로 설정하지 않을 이유가 없습니다(표로 설정해야만 할 이유도 없긴 합니다). 표로 설정했을 때의 장점은 원본 데이터를 변경할 때 드러납니다.

표가 아닌 범위로 설정했을 경우에는 원본 데이터의 변경이 발생했을 때, 기존의 값이 변경만 되는 경우라면 상관없겠지만 열 또는 행이 추가되거나 삭제될 경우 피벗 테이블의 범위 설정을 다시 바꿔주고 새로 고침을 한 번 더 해줘야 합니다. 이에 비해 표로 설정했을 경우에는 새로 고침만 한 번 더 해주면 바뀐 내용이 함께 반영됩니다.

CHAPTER

05

잔머리 고급기술
"매크로"

　오피스 프로그램에서 지원하는 강력한 기능 중 하나로 매크로 기능을 들 수 있습니다. 매크로 기능은 VBA를 통하여 오피스 프로그램 안에서 운영할 수 있는 프로그램을 만들고 실행할 수 있게 합니다.

VBA 기능은 오피스 프로그램들 모두가 활용이 가능하지만, 특히 엑셀에서의 활용이 다른 프로그램에 비해서 익히기도 쉽고, 다양한 응용이 가능합니다. 그렇다고 해도 기본적으로 코딩이 들어가는 관계로 다른 일반적인 기능에 비해서는 사용법이 어려운 것은 사실이고, 그만큼 강력한 것 또한 사실입니다.

1. 시작부터 뭐가 이렇게 어렵지?
- 매크로 사용 설정하기

매크로의 의미는 미리 저장되어 있는 일련의 명령어들을 하나의 명령으로 만들어 실행하거나 키보드에서 하나의 키를 입력하여 미리 저장된 여러 개의 명령어를 실행시키는 방법을 말합니다.

MS Office에서는 이 매크로 기능을 VBA(Visual Basic for Applications)라는 프로그래밍 언어로 만들 수 있게 기능을 지원하는데, 이 VBA는 Office 프로그램 내부에서 지원하는 명령어 이상의 기능을 구현할 수 있습니다.

이와 같은 강력한 기능은 우리에게 필요한 기능을 보다 다양하고 자동화할 수 있게 만들 수 있다는 장점을 제공하는 동시에 일부 악의적인 사용자들에 의해 악용될 수 있다는 위험을 내포하고 있습니다. 실제로 1990년대 말 유행하던 매크로 바이러스는 악의적인 매크로 사용의 대표적인 예라고 할 수 있습니다.

마이크로 소프트에서는 이와 같은 매크로의 악의적인 사용에 대한 피해를 최소화하기 위하여 일반 사용자는 매크로를 찾기도 어렵게 실행 버튼을 숨겨(?)두고(보다 정확히 말하면 Default 설정에서는

매크로 버튼을 보이지 않게 메뉴를 배치함), 매크로가 실행되려 하면 오
피스 보안 옵션에서 사용할 수 없게 막고 있습니다. 매크로를 사
용하기 위해서는 매크로 명령 버튼을 볼 수 있게 메뉴에 추가하
고, 보안센터 옵션에서 매크로를 사용할 수 있게 설정해 두어야
합니다.

그림 75. 매크로 보안 설정

보안센터 설정은 "옵션" → "보안센터" → "보안 센터 설정" → "신
뢰할 수 있는 위치"에서 매크로 파일을 저장하고 활용할 저장위치
를 설정하거나, "옵션" → "보안센터" → "보안 센터 설정" → "매크
로 설정" → "모든 매크로 포함"으로 설정하여 매크로를 사용할 수
있습니다(앞의 오피스 공통 옵션에 대한 부분에서 먼저 이야기되었습니다).

매크로 명령 버튼 추가는 "옵션" → "리본 사용자 지정" → "개발
도구" 체크를 하면 메뉴 탭에 "개발도구"가 추가되고, 개발도구 탭
아래에 "매크로"와 "Visual Basic"이라는 명령 단추가 생긴 것을
확인할 수 있습니다. 여기까지 설정이 완료되면 우선 매크로를 사
용할 수 있는 준비는 되었다고 볼 수 있습니다.

그림 76. 매크로 명령버튼 추가

2. 매크로 첫걸음
"기록하기와 편집하기"

매크로를 만드는 방법으로는 크게 2가지 방법이 있을 수 있습니다.

내가 하는 작업을 녹화하듯이 기록했다가 반복하게 하는 방법과 처음부터 VBA 코드를 짜는 방법. 내가 이미 VBA 코드를 다루는데 익숙하다면 기록하는 방법보다는 VBA 코드를 만드는 방법을 보다 선호하겠지만, 프로그래밍 언어에 익숙하지 않거나 처음 매크로를 사용해 보시는 경우에는 매크로 기록을 활용하는 방법도 추천할 만합니다.

유감스럽게도, 이 "매크로 기록" 기능은 엑셀과 워드에서만 지원되고 있습니다(파워포인트에서는 매크로와 Visual Basic만 지원되고 "매크로 기록" 기능은 없습니다. 그 외의 MS Office 프로그램인 Outlook, Access, OneNote 등을 찾아보아도 "매크로 기록" 기능은 없습니다). 아마도 사용되는 개체, 커서의 위치가 비교적 명확히 추적이 가능한 프로그램이 엑셀과 워드이기에 "매크로 기록" 기능이 제공되는 것이 아닐까 생각됩니다.

특히 엑셀의 경우 모든 정보가 스프레드시트의 Cell로 관리가 되기 때문에 각각의 데이터가 있는 위치를 명확히 알 수가 있어서 추적하여 프로그래밍하는 것이 더 용이해서 그런 것이라 생각됩니다.

매크로 기록을 할 때 한 가지 주의해서 볼 옵션은 "상대 참조로 기록"입니다. 매크로에 기록될 때 엑셀은 두 가지 방법 중 한 가지를 통하여 작업내용을 기록합니다.

특정 작업을 했을 때 그 작업을 한 Cell의 정확한 주소를 직접 가져와서 해당 위치에서 작업한 내용을 기억하는 방법과 작업을 시작한 Cell의 주소와의 상대적인 위치를 파악하여 상대적인 위치에 작업한 내용을 기억하는 방법입니다.

예를 들어 아래 그림과 같이 표를 매 짝수열마다 회색 음영 처리되게 편집한다고 가정하겠습니다(표로 전환하면 한 번에 해결될 수 있는 디자인 문제일 수도 있지만, 상대 참조 매크로 기록의 예시로 보겠습니다).

부서	범주	10월	11월	12월
육류	쇠고기	90,000	110,000	120,000
빵류	디저트	25,000	80,000	120,000
농산물	과일	10,000	30,000	40,000
농산물	채소	30,000	80,000	30,000
엘리	샐러드	90,000	35,000	25,000
육류	닭고기	75,000	82,000	2,000,000
빵류	빵	30,000	15,000	20,000
엘리	샌드위치	80,000	40,000	20,000

부서	범주	10월	11월	12월
육류	쇠고기	90,000	110,000	120,000
빵류	디저트	25,000	80,000	120,000
농산물	과일	10,000	30,000	40,000
농산물	채소	30,000	80,000	30,000
엘리	샐러드	90,000	35,000	25,000
육류	닭고기	75,000	82,000	2,000,000
빵류	빵	30,000	15,000	20,000
엘리	샌드위치	80,000	40,000	20,000

그림 77. 짝수열 음영 처리

상대 참조로 기록하는 방법은 개발도구의 명령 탭에서 "상대 참조로 기록" 버튼을 누르면 이 명령 버튼이 음영 처리가 되는데, 이 상태가 선택된 상태로 커서의 상대적인 위치를 기준으로 작업자가 행하는 동작을 기록합니다.

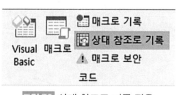

그림 78. 상대 참조로 기록 적용

다음의 작업을 매크로로 기록하여 활용한다고 하고 보겠습니다.

① "A2" 칸에 커서를 둔 상태에서 "매크로 기록"을 눌러 지금부터 하는 동작을 저장시킵니다.

② 커서를 한 칸 내려서 "A3"를 선택한 다음에 'Ctrl' + 'Shift' + '→' 버튼을 눌러서 A3~E3까지의 Cell을 선택합니다.

③ Cell 음영을 회색으로 색깔 전환합니다.

④ 다시 커서를 한 칸 내려서 "A4"를 선택합니다. 개발도구 명령 탭의 "기록 중지" 버튼을 누릅니다(매크로 기록 버튼을 눌러서 매크로가 기록되기 시작되면 매크로 기록 버튼이 "기록 중지" 버튼으로 변경됩니다).

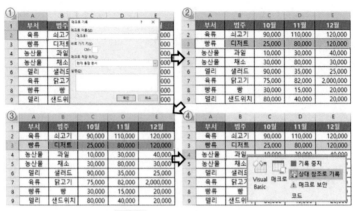

그림 79. 매크로 기록 작업 예

자, 이렇게 해서 매크로 명령을 만들었습니다. 이렇게 만들어진 매크로는 "개발 도구" → "매크로" 버튼을 눌러서 실행할 수 있습니다(매크로 기록 시 바로 가기 키를 선택하면 단축키를 만들어서 사용할 수도 있습니다).

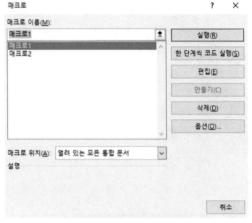

그림 80. 매크로 실행

여기서 매크로를 만들 때 "매크로 1"은 절대 참조로(상대 참조로 기록 옵션을 선택하지 않고), "매크로 2"는 상대 참조로 해서 매크로 파일을 만들었습니다. 여기 실행 버튼을 누르면 각각의 매크로를 기준으로 기록된 대로 움직입니다.

"매크로 1"의 경우 계속해서 A3~E3의 영역을 음영 처리하고, 커서를 A4 위치에 두는 작업만 반복합니다. 명령이 내려질 당시 커서가 어디에 있든 상관없이 처음 작업한 위치의 설정값만 계속 바뀝니다.

이에 비해 "매크로 2"를 실행하면 현재 커서의 아래 칸을 시작으로 표의 오른쪽 끝까지 선택하여 음영 처리한 후 커서를 다시 아래로 한 칸 내립니다. 이렇게 만들어진 매크로 코드는 매크로 실행 버튼에서 편집을 누르면 각각 비교해서 불러 볼 수 있습니다.

아래 이미지에서 매크로의 코드 영역을 비교해 보면 음영처리를 한 실질적인 작업 로직은 동일하지만, 작업내용을 적용하는 영역을 선택하는 로직과 작업이 완료된 후 마지막으로 선택하고자 하는 영역을 선택하는 방법이 다릅니다.

절대 참조에서는 선택되는 Cell의 주소를 정확한 값으로 지정해 주는 반면, 상대 참조에서는 현재 셀의 위치를 기준으로 하여 어느 만큼 이동한 위치를 선택하라는 방식으로 주소가 지정되는 것을 알 수 있습니다.

우리가 조금 전 만든 매크로에서 매 짝수 줄마다 음영을 넣는 로직은 상대 참조로 만들어진 "매크로 2"를 반복 실행시키면 쉽게 만들 수 있는 것을 알 수 있습니다(절대 참조로 만들어진 "매크로 1"은 몇 번을 실행해도 같은 영역에 반복해서 같은 음영 처리만 합니다).

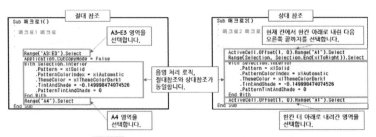

그림 81. 절대참조와 상대참조 VBA 소스 비교

실제 매크로를 만들어서 활용할 때는 이와 같은 절대 참조와 상대 참조의 특성을 이해하고, 동작을 기록한 다음 실제 VBA 코드에서 필요한 부분을 추가 수정하는 방식으로 진행하는 것을 추천합니다(나중에 실력이 많이 늘어서 바로 코드를 짤 수 있으면 더 좋겠지만, 그전에는 공부하는 것을 겸하여 기록한 후 내용을 이해하면서 수정하는 방식을 추천합니다).

3. 매크로 예제 1(상장 만들기)

여러 사람에게 나눠줄 상장(또는 임명장)과 같은 문서를 만들어서 나눠주는 경우를 예시로 간단한 매크로를 만들어 보겠습니다.

상장의 기본 양식과 내용은 차이가 없고, 받는 사람의 이름과 상장을 주는 사람의 이름, 날짜 정보만 계속 바뀌며 페이지가 추가되는 케이스로, 다음의 그림과 같이 2개의 Sheet로 구성된 간단한 예시 양식을 만들었습니다.

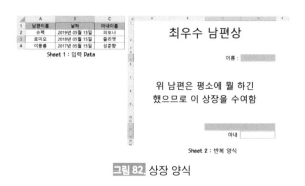

그림 82. 상장 양식

첫 번째 Sheet에서는 상장을 받는 사람 이름, 날짜, 주는 사람 이름의 3가지 정보가 "A2:C4"의 영역에 기록되어 있고, 두 번째 Sheet에서는 인쇄할 상장의 양식이 완성되어 있습니다.

"D5" 셀에는 받는 사람 이름을, "C12"에는 날짜가 "D13"에는 주는 사람 이름을 입력하면 원하는 상장이 만들어지는 형식입니다.

이 경우, 작업자가 수작업으로 상장을 만드는 작업을 한다고 가정하면, Sheet 2를 복사해서 Sheet 3으로 복사된 Sheet를 생성 → 받는 사람 정보를 복사하여 "D5"셀에 값 붙여넣기 → 날짜 정보를 복사하여 "C12"셀에 값 붙여넣기 → 주는 사람 정보를 복사하여 "D13"셀에 값 붙여넣기와 같은 방법으로 작업을 할 것이고, 이와 같은 작업을 Sheet 1의 마지막 줄에 도달하여, 모든 상장이 만들어질 때까지 반복하게 될 것입니다.

이와 같은 반복 작업을 매크로로 만들면, 다음과 같이 만들 수 있습니다.

표3 상장 매크로 코드

예시	의미
Sub 매크로 1()	매크로 1 이라는 이름의 함수임을 의미
Dim Hus, Wife Ss String	"Hus"와 "Wif"라는 이름의 문자를 저장할 수 있는 공간을 만들라
Dim P_Date As Date	"P_Date"라는 이름의 날짜를 저장할 수 있는 공간을 만들라
Dim Num_Row, Seq As Integer	"Num_Row"와 "Seq"라는 이름의 정수를 저장할 수 있는 공간을 만들라
Sheets(1).Select	첫번째 Sheet 를 선택하라
Num_Row = Range("A2").End(xlDown).Row	A2 위치 기준으로 가장 아래 Data 가 몇 째 줄인지 확인하여 "Num_Row"에 저장하라
For Seq = 2 To Num_Row	"Seq"에 초기값 2 를 저장하고 "Seq" 값이 "Num_Row"에 해당하는 숫자가 될 때까지 "For"와 "Next"로 둘러싸인 구간의 명령을 반복하라
Sheets(1).Select	첫번째 Sheet 를 선택하라
Hus = Range("A" & Seq)	A"Seq"위치의 값을 "Hus" 에 저장하라 여기서 "Seq"는 계산된 값이다
P_Date = Range("B" & Seq)	B"Seq"위치의 값을 "P_Date" 에 저장하라
Wife = Range("C" & Seq)	C"Seq"위치의 값을 "Wife"에 저장하라
Sheets(2).Copy After:=Sheets(2)	두번째 Sheet 를 복사하여 두번째 Sheet 뒤(세번째위치)에 붙여 넣어라.
Sheets(3).Select Range("D5") = Hus Range("C12") = P_Date Range("D13") = Wife	세번째 Sheet 를 선택하라 D5 위치에 "Hus"값을 넣어라 C12 위치에 "P_Date"값을 넣어라 D13 위치에 "Wife"값을 넣어라
Next Seq	"Seq"가 조건을 만족 하였으며 다음단계로 넘어가고 만족하지 못했으면, "Seq"에 1 을 더하고 "For"위치에서의 명령을 반복한다
End Sub	매크로 1 이라는 함수의 종료를 의미

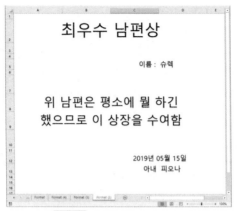
그림 83. 상장 매크로 실행 결과

실행한 결과를 살펴보면 Format(2)~Format(4)라는 이름의 3개의 Sheet가 추가되고, 각각의 Sheet에는 우리가 원하는 값이 원하는 위치에 입력되어 상장 형식이 완성되어 있는 것을 확인할 수 있습니다.

이와 같이 만들어진 매크로는 매크로 실행 버튼을 눌러서 실행을 시킬 수도 있지만, 별도의 버튼을 만들어서 버튼을 눌렀을 때 실행될 수 있게 만들 수도 있습니다.

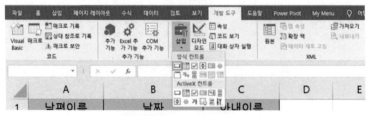
그림 84. 개발도구의 버튼 추가

버튼 추가는 "개발도구" 탭 → "컨트롤" 그룹 → "삽입" 명령 단추를 눌러서 고를 수 있으며, 만들어진 단추는 마우스 오른쪽 클릭을 통해 버튼의 이름을 바꾸고, 매크로 지정으로 함수를 연결할 수 있습니다(버튼을 처음 만들 때 자동으로 매크로 지정 화면이 뜹니다).

그림 85. 단추 추가 및 매크로 지정

※ 만들어진 버튼의 위치를 바꾸거나 크기를 변경하는 등의 편집은 마우스 우클릭 후 버튼 주위로 8개의 조정점이 생긴 다음 가능합니다. 바로 버튼을 누르면 설정된 매크로가 실행됩니다.

4. 매크로 예제 2(자동 페이지 매기기)

사용하기에 따라서는 상당히 유용하게 활용이 가능한 매크로 기능은 엑셀뿐만 아니라 대부분의 MS Office 프로그램에서 사용이 가능합니다. 다만, 엑셀과 워드를 제외한 Office 프로그램에서는 "매크로 기록" 기능을 지원하지 않기 때문에 직접 코드를 짜야 합니다. 따라서 초보자에게는 매크로를 만드는 것이 조금 더 까다로울 수 있습니다.

이번에는 파워포인트에서 사용하는 매크로의 예를 들어 보겠습니다. MS Office 프로그램으로 만들어진 문서는 그 내부에 상당히 많은 개체가 있고, 각 개체는 구조적으로 잘 짜여 있습니다. 개체는 각각의 다양한 속성값을 가지고 있어서 그 속성값을 바꿈으로써 많은 일을 할 수 있습니다.

엑셀의 경우 하나의 엑셀 파일을 Office 프로그램 내에서는 Worksheet라는 개체로 인식하고, Worksheet라는 개체는 여러 개의 Sheet라는 개체를 하위 개념으로 포함하고 있습니다. 각 Sheet는 Cell이라는 개체를 다시 하위 개념으로 포함하고 있습니다.

파워포인트의 경우 하나의 파워포인트 파일을 Presentation이라는 개체로 인식하고, Presentation이라는 개체는 여러 개의 Slide라는 개체를 하위 개념으로 포함하고 있습니다(파워포인트의 한쪽한쪽이 각각 독립된 Slide라는 개체입니다). 각 Slide는 Shape라는 개체를 다시 하위 개념으로 포함하고 있습니다(Shape는 슬라이드 안의 Text 상자, 그림, 표 등의 개체 하나하나를 뜻합니다).

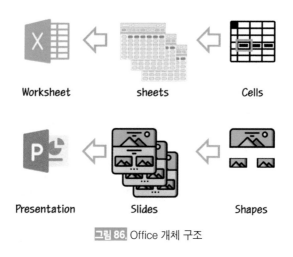

그림 86. Office 개체 구조

엑셀은 파워포인트에 비해서 각 개체의 위치가 워낙 명확해서 (Cell의 경우만 봐도 모든 셀은 각자 고유의 가로축 방향의 위치와 세로축 방향의 위치정보를 가지고 있습니다.) 개체를 지정하는 방법이 비교적 단순한 반면, 파워포인트의 경우에는 각 개체를 지정할 때 그 개체를 명확히 지정해줘야 합니다. 앞서 살펴본 상장 만들기의 예시에서 셀을 고를 때 "Range(셀 위치)"와 같은 방법으로 비교적 쉽게 범위를 지정해준 반면, 파워포인트에서는 "ActivePresentation. Slides(슬라이드 번호).Shapes(개체 번호)…"와 같은 방법으로 정확하게 지정해줘야 합니다.

※ 엑셀에서도 "ActiveWorkbook.Sheets(시트 번호).Cells(셀 위치)"와 같은 방법으로 원하는 셀 위치를 정확하게 지정할 수 있습니다.

　파워포인트 매크로에서 살펴보고자 하는 예시는 페이지 번호 입력하기입니다. Power pointer에서 페이지 번호를 입력하는 것 자체는 파워포인트에서 자체적으로 제공하는 슬라이드 번호 입력 기능을 이용하여 자동으로 번호를 매길 수 있습니다("삽입" 탭 → "텍스트" 그룹 → "머리글/바닥글" 명령 단추 → 슬라이드 번호).

그림 87. 슬라이드 번호 입력 설정

다만 이 경우 변칙적인 페이지 번호 입력 시에는 이에 대한 대응을 할 수 없습니다.

예를 들어 전체 페이지수는 10장인데, 그 중 4페이지까지가 Main 내용을 담고 있는 메인 슬라이드고 5페이지부터 10페이지까지가 보조 슬라이드라고 가정해 보겠습니다.

메인 슬라이드는 "'페이지 번호' / 4"와 같은 형태로 페이지 번호를 입력하고, 보조 페이지는 "보조 '보조페이지번호'"와 같은 형태로 이원화된 페이지를 입력하고 싶을 경우 파워포인트에서 제공하는 자동 슬라이드 번호 입력 기능만으로는 이와 같은 기능을 구현할 수 없습니다.

결국 모든 페이지의 슬라이드 번호를 하나하나 찾아서 입력하게 되는데, 중간에 수정이 생겨서 페이지 순서가 바뀌거나 중간의 슬라이드가 삭제되거나 추가될 경우 페이지 번호를 처음부터 다시 입력하게 되어 많은 어려움이 있습니다.

이와 같은 어려움을 해소하기 위한 매크로 기능을 만들어 보겠습니다.

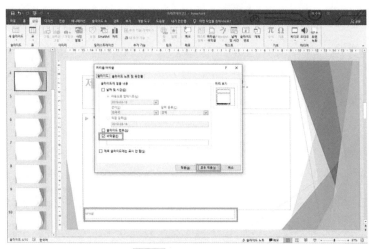

그림 88. 바닥글 전체 적용

이 매크로에서 사용하는 개체는 "바닥글"입니다. 앞서 논한 것처럼 파워포인트에서는 각 슬라이드마다 Shape라는 하위 개체를 가지고, 각 개체는 고유의 특성을 가지고 있습니다.

어떤 Shape의 값을 결정할 것인가는 각 Shape 일렬번호로 정할 수 있는데, 실제 자료를 만들다 보면 각 페이지에 표시되는 개체 수가 달라 몇 번째 개체가 페이지 번호를 뜻하는 개체인지를 알 수 없습니다.

"바닥글"을 활용하면, 바닥글이라는 "특성"을 가진 개체만을 지정하여 원하는 값을 입력할 수 있기 때문에 각 페이지에서 슬라이드 번호를 입력하는 위치를 통일할 수 있습니다(이 매크로가 정상 동작하려면, 모든 슬라이드에 바닥글이 추가되어 있어야 합니다. 이는 "삽입" 탭 → "텍스트" 그룹 → "머리글/바닥글" 명령 단추 → "바닥글"을 체크한 다음 "모두 적용"을 클릭하면 전체 페이지에 바닥글이 추가됩니다. 단, 슬라이드 마스터에 바닥글이 포함되어 있어야만 합니다).

모든 페이지에 바닥글이 적용된 상태에서 다음과 같이 코드를 작성합니다.

표 4 자동 페이지 매기기 코드

예시	의미
Sub Auto_Page()	Auto_Page 이라는 이름의 함수임을 의미
Dim S_Count, M_Page, Seq As Integer	"S_Count", "M_Page", "Seq"라는 이름의 문자를 저장할 수 있는 공간을 만들라
Dim S_Title As String	"S_Title"이라는 이름의 문자를 저장할 수 있는 공간을 만들라
S_Count = ActivePresentation._ 　　　Slides.Count	S_Count 에 전체 슬라이드 수를 저장하라
M_Page = 4	M_Page 에 숫자 4를 저장하라
S_Title = "보조"	S_Title 에 "보조"라는 문자열을 저장하라
For Seq = 1 To S_Count	"Seq"에 초기값 1를 저장하고 "Seq" 값이 S_Count 값이 될 때까지 "For"와 "Next"로 둘러싸인 구간의 명령을 반복하라
If Seq (= M_Page Then	만약 "Seq"값이 "M_Page"보다 작거나 같다면(조건문 시작)
ActivePresentation.Slides(Seq)._ 　　HeadersFooters.Footer.Text = _ 　　& "/" &	선택된 슬라이드 바닥글에 "Seq" "/" "M_Page" 값을 입력하라
Else	"Seq"값이 "M_Page"보다 작거나 같지 않다면
ActivePresentation.Slides(Seq)._ 　　HeadersFooters._Footer.Text =_ 　　S_Title & Seq - M_Page	선택된 슬라이드 바닥글에 "S_Title" 값과 Seq - "M_Page" 값을 입력하라
End If	조건문을 종료하라
Next Seq	"Seq"에 1을 더하고 "For"위치에서의 명령을 반복한다
End Sub	함수의 종료를 의미

※ 코드에서 줄의 오른쪽 끝이 "_"로 마칠 경우에는 다음줄의 코드를 이어서 하나의 명령으로 인식하라는 의미입니다.

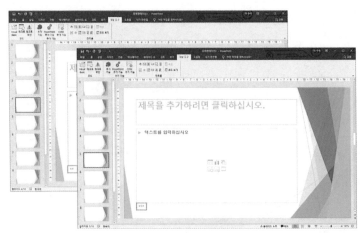

그림 89. 매크로 적용 결과

　이와 같이 만들어진 매크로에서는 매번 메인 페이지가 몇 장인
지에 대한 정보와 보조 페이지의 인식자를 어떤 것으로 쓸 것인지
(금번 예시에서는 "보조"라는 인식자를 썼지만 "유첨", "첨부" 등의 인식자를
사용할 수도 있습니다.)를 매번 소스 코드에서 직접 입력하는 번거로
움이 있었습니다. 이를 사용자폼을 활용하면 마치 새로운 프로그
램이 동작하는 것처럼 필요한 값을 입력하고 동작할 수 있게 만들
수 있습니다.

　매크로를 편집하는 Visual Basic for application에서 작업 중
인 프로젝트에서 "마우스 우클릭"→ "삽입" → "사용자 정의 폼"을
선택하면 프로그램 화면을 만들 수 있는 폼이 생성됩니다.

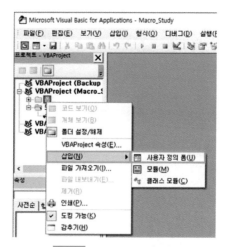

그림 90. 사용자 정의 폼 선택

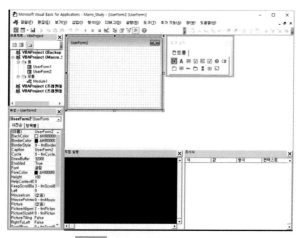

그림 91. 사용자 정의 폼 Open 화면

유저 폼이 생성되면, 우측에 있는 도구상자에 있는 컨트롤도구를 사용하여 우리에게 필요한 프로그램 화면 구성을 할 수 있고, 추가된 컨트롤 도구의 상세 설정값은 좌측 하단에 있는 속성 창에서 디테일하게 설정할 수 있습니다.

주요한 몇 가지(금번 예시에서 사용할 컨트롤과 설정값)에 대해서만 살펴보겠습니다.

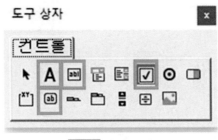

그림 92. 컨트롤 도구

A Label : 읽을 수 있는 문자열

abl Text Box : 사용자가 직접 값을 입력하거나 읽을 수 있는 글 상자

☑ Check Box : 사용자가 선택하여 체크하거나 체크 해제할 수 있는 체크 박스

ab Command Button : 명령 단추로 해당 단추를 눌렀을 때의 명령을 지정

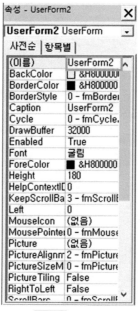

그림 93. 속성 창

속성창에는 컨트롤 도구에서 입력한 각 개체의 특성 정보를 가지고 있습니다. 여기서 가장 신경 써야 하는 요소 중 하나는 "(이름)"으로 여기서 정의된 각 개체의 이름을 이용하여 상세 설정값을 바꾸거나, 입력된 내용을 가져올 수 있습니다.

자동 페이지 메김 기능을 만들기 위해 필요한 변수를 받아오기 위한 유저 폼을 다음과 같이 구성해 보았습니다. 이전에 살펴본 로직에 한가지 로직을 더하여서 제목 페이지가 별도로 있을 경우에는 두 번째 슬라이드부터 페이지를 입력하게 할 수 있게 제목 페이지 여부를 묻는 내용까지 추가해 보겠습니다.

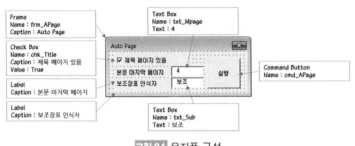

그림 94. 유저폼 구성

위 그림과 같이 프로그램에 사용할 값을 받아올 Check Box, Text Box를 만들고 각각의 이름을 정한 뒤 최초로 유저폼을 불러 왔을 때 초기값을 설정해 두었습니다.

제목 페이지가 있는지 여부를 확인하기 위한 Check Box인 "chk_Title"은 초기값으로는 체크가 되어 있는 상태, 즉 Value 값을 "True"로 지정하였고, 본문의 마지막 페이지를 확인하기 위한 txt Box인 "txt_Mpage"는 초기값으로 Text 특성을 "4"로 지정하였습니다.

보조장표 인식자도 같은 요령으로 초기값 "보조"를 입력했습니다. 마지막으로 실행 명령 버튼인 Command Button도 "cmd_APage"로 정의하고 이 버튼을 눌렀을 때 실행되는 명령으로 앞서 작성한 매크로 코드를 다음과 같이 변경하여 입력하였습니다.

표 5. Auto Page 유저폼 실행 단추 코드

예시	의미
Private Sub cmd_APage_Click()	cmd_APage 가 눌렸을 때 아래의 명령을 실행하라
Dim S_Count, M_Page, Seq, P_Num As Integer	"S_Count", "M_Page", "Seq", "P_Num"이라는 이름의 문자를 저장할 수 있는 공간을 만들라
Dim S_Title As String	"S_Title"이 라는 이름의 문자를 저장할 수 있는 공간을 만들라
S_Count = ActivePresentation.Slides.Count	S_Count 에 전체 슬라이드 수를 저장하라
M_Page = txt_MPage.Text	M_Page 에 txt_MPage 의 값을 저장하라
S_Title = txt_Sub.Text	S_Title 에 txt_Sub 의 값을 저장하라
If chk_Title.Value = False Then For Seq = 1 To S_Count	만약, chk_Title 이 체크상태가 아니면 "Seq"에 초기값 1 를 저장하고 "Seq" 값이 S_Count 값이 될 때까지 "For"와 "Next"로 둘러싸인 구간의 명령을 반복하라
P_Num = Seq	"P_Num"에 "Seq"값을 입력하라
If P_Num <= M_Page Then ActivePresentation.Slides(Seq)._ HeadersFooters.Footer.Text = _ P_Num & "/" & M_Page	만약 "P_Num"값이 "M_Page"보다 적거나 같다면 (조건문) 선택된 슬라이드 바닥글에 "P_Num" "/" "M_Page" 값을 입력하라

Else
ActivePresentation.Slides(Seq)._
HeadersFooters.Footer.Text =_
S_Title & P_Num - M_Page
End If
	"P_Num"값이 "M_Page"보다 적거나 같지 않다면
	선택된 슬라이드 바닥글에 "S_Title" 값과
	"P_Num" - "M_Page" 값을 입력하라
	조건문을 종료하라

Next Seq	"Seq"에 1 을 더하고 "For" 위치에서의 명령을 반복한다
Else	chk_Title 이 체크상태라면
For Seq = 2 To S_Count	"Seq"에 초기값 2 를 저장하고 "Seq" 값이 S_Count 값이 될 때까지 "For"와 "Next"로 둘러싸인 구간의 명령을 반복하라
P_Num = Seq - 1	"P_Num"에 "Seq"-1 값을 입력하라
If P_Num <= M_Page Then ActivePresentation.Slides(Seq)._ HeadersFooters.Footer.Text = _ P_Num & "/" & M_Page	만약 "P_Num"값이 "M_Page"보다 적거나 같다면 선택된 슬라이드 바닥글에 "P_Num" "/" "M_Page" 값을 입력하라

Else
ActivePresentation.Slides(Seq)._
HeadersFooters.Footer._Text =_
S_Title & P_Num - M_Page
End If
	"P_Num"값이 "M_Page"보다 적거나 같지 않다면
	선택된 슬라이드 바닥글에 "S_Title" 값과
	"P_Num" - "M_Page" 값을 입력하라
	조건문을 종료하라

Next Seq End If End Sub	"Seq"에 1 을 더하고 "For" 위치에서의 명령을 반복한다 조건문을 종료하라 종료를 의미

이상 짜인 코드는 유저 폼이 실행된 상태에서 실행 단추를 눌렀을 때에 동작합니다.

이제 우리는 만들어진 유저폼을 볼 수 있게 만들어줘야 합니다. 이는 다음과 같이 코드를 작성하면 됩니다.

표 6. 유저폼 호출 함수

예시	의미
Sub Auto_Page()	Auto_Page 라는 함수를 의미
frm_APage.Show	frm_APage 라는 유저폼을 보이게 만들어라
End Sub	함수의 종료를 의미

이렇게 만들어진 매크로 파일을 하나의 매크로 포함 파일로 저장해두고 다른 파워포인트 파일에서 이 프로그램을 불러와서 사용도 가능합니다.

다음의 이미지와 같이 다른 프레젠테이션 파일에서 매크로 실행을 누르더라도, 매크로 위치를 설정하면 다른 파일의 매크로 파일도 불러올 수 있습니다.

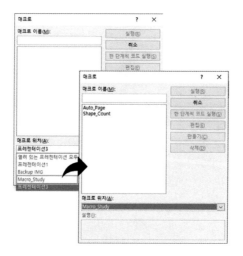

그림 95. 다른 파일의 매크로를 불러온 예

이렇게 만들어진 자동 페이지 번호 매기기 기능도 다른 파일에서 실행하려면 실행할 때마다 "개발도구" 탭 → "코드" 그룹 → "매크로" 명령 단추 → 매크로 위치 선택 → 매크로 이름 선택 → 실행의 여러 단계를 거쳐야 하는 번거로움이 있습니다.

이 또한 조금 더 잔머리(?)를 굴리면, 빠른 실행 도구에 매크로를 등록하여 조금 더 편하게 응용이 가능합니다.

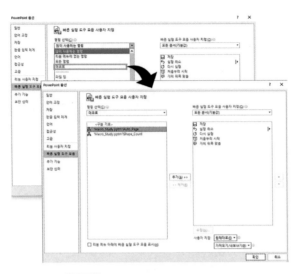

그림 96. 매크로의 빠른 실행 단추 추가

빠른 실행 단추를 추가하면 리본 메뉴에 있는 빠른 실행 단추에 매크로 기능이 추가된 것을 볼 수 있으며, 등록한 후에는 이 버튼만 눌러서 바로 실행이 가능합니다.

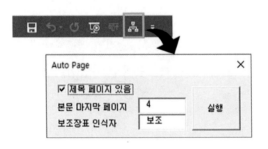

그림 97. 빠른 실행 단추에 추가된 매크로

단, 이 빠른 실행 단추를 활용하기 위해서는 반드시 매크로 기능이 저장되어 있는 파워포인트 파일이 열려 있어야 합니다.

5. 매크로 예제 3(이름표 만들기)

    원래 파워포인트는 발표용 자료를 만드는 것이 주요 목적이긴 하지만, 간단한 디자인 문서를 만들 때도 유용하게 사용됩니다.

    대표적인 사용 예 중 하나가 특정한 행사에 사용되는 이름표를 만드는 것인데요, 이때 보통 같은 양식을 여러 장 복사한 다음 이름을 포함하여 변경이 필요한 부분의 정보만 바꾸면서 자료를 작성하곤 합니다.

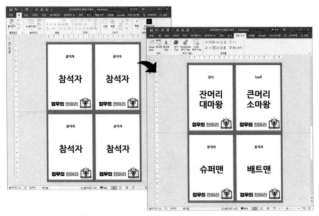

그림 98. 이름표 만들기 작업 예시

소수의 인원에 대한 이름표를 만들 경우라면 같은 방식으로 계속 복사하여 붙여넣기로 만들 수 있겠지만, 참석인원이 20명, 30명, 100명이 넘어가는 경우가 되면 굉장히 부담스러운 문서 반복 작업이 될 수 있습니다. 이와 같은 반복 작업의 경우 매크로 기능을 활용하면 강력한 힘을 발휘할 수 있습니다.

먼저 잘 만들어진 Master format 페이지를 하나 만든 다음, 바뀐 정보를 입력해야 하는 위치의 Shape가 몇 번째 Shape인지를 정확히 파악하고 원하는 위치에 원하는 값이 입력되게 만들면 반복작업을 최소화할 수 있습니다.

일반적으로 해당 슬라이드에서 모양이 추가되고 만들어지는 순서대로 Shape 번호가 순차적으로 설정되기 때문에 양식 페이지를 만들 때, 몇 번째 만들어진 Shape의 정보를 바꿔야 하는지를 기억하고 있다면 해당 위치의 정보를 바꿈으로써 원하는 반복작업을 쉽게 할 수 있습니다. 그런데 문제는 여기에 있습니다.

실제 양식을 만드는 과정에 이 도형 저 도형을 넣었다가 빼고, 위치도 바꿨다가 순서도 바꾸는 등의 여러 작업을 하다 보면 지금 만들어진 글 상자가 몇 번째 Shape인지를 일일이 기억한다는 것은 사실상 불가능한 일이라고 할 수 있습니다.

결국 우리는 정보를 입력할 Text 상자가 몇 번째 Shape인지를 알아내야 합니다. 하나하나 Shape 번호를 증가시켜 가면서 몇 번째 Shape가 정보를 넣어야 하는 Text 상자인지를 찾아야 합니다. 이 단순무식한 반복 작업 또한 별도의 매크로를 만들어서 컴퓨터에게 일을 시켜야 합니다.

아래와 같이 매크로를 작성하고 실행하여 Shape 고유 번호를 먼저 알아보겠습니다. 해당 슬라이드의 Shape가 몇 개인지 숫자를 세고, 모든 Shape를 점검하면서 Text를 입력 가능한 개체이면, Text 값으로 "Shape '고유번호'"라는 값을 입력하게 함수를 만들면 다음과 같습니다.

표7 Shape 고유번호 찾기

예시	의미
Sub Name_Shape()	Name_Shape 라는 함수를 의미
Dim Seq, N_Shape as integer	"Seq"와 "N_Shape"라는 이름의 정수를 저장할 공간을 만들어라
N_Shape = ActivePresentation.Slides(1)._ Shapes.Count	1번슬라이드의 Shape 숫자를 세어서 N_Shape에 저장하라
For Seq = 1 To N_Shape	"Seq"에 초기값 1 를 저장하고 "Seq" 값이 N_Shape 값이 될 때까지 "For"와 "Next"로 둘러싸인 구간의 명령을 반복하라
If ActivePresentation.Slides(1)._ Shapes(Seq).HasTextFrame =_ msoTrue Then	만약 1번 슬라이드의 "Seq"번째 Shape에 TextFrame이 있으면 (조건문)
ActivePresentation.Slides(1)._ Shapes(Seq).TextFrame.TextRange._ Text = "Shape " & Seq	1번슬라이드의 "Seq"번째 Shape의 TextFrame에 'Shape "Seq"' 라는 정보를 기록해라
End If	조건문 을 종료하라
Next Seq	"Seq" 값에 1을 더하고 For 위치로 돌아가 명령을 반복하라
End Sub	함수의 종료를 의미

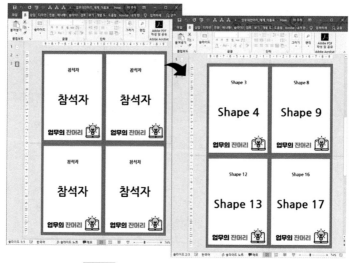

그림 99 Shape 번호 발번 매크로 실행 결과

Shape 번호를 확인해 본 결과 참석자 구분에 대한 값이 Shape 3, 8, 12, 16번에, 이름에 대한 값이 Shape 4, 9, 13, 17번에 입력되면 우리가 원하는 결과를 얻을 수 있다는 것을 알 수 있습니다(이 고유 번호는 만들어진 master Format의 양식에 따라 달라질 수 있습니다).

이제, 맨 앞장에 슬라이드를 한 장 더 추가하고 표를 만들어서 참석자 명단을 작성해 보도록 하겠습니다.

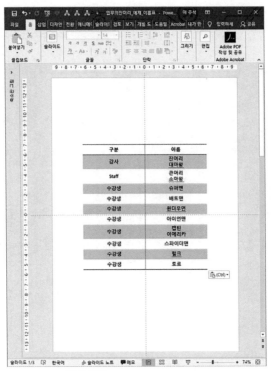

그림 100. 참석자 명단 Slide 추가

이 슬라이드에는 오직 이 표 개체만 하나 들어가 있으므로, 해당 표는 Shape(1)임을 알 수 있습니다. 각 인원의 참석자 구분 정보는 첫 번째 열에, 이름 정보는 두 번째 열에 있으며, 사람들에 대한 정보는 2번째 행부터 저장되어 있습니다.

이제 이 점을 응용하여 매크로 코드를 만들어 보겠습니다.

사람 숫자를 구하고, 표의 두 번째 줄부터 마지막 줄까지 사람 숫자만큼 참가자 구분정보와 이름 정보를 복사하여 지정된 Shape 위치에 반복적으로 입력하는 동작을 반복하게 만든 로직입니다.

표준 양식으로 만든 페이지에는 한번에 4명의 정보가 입력될 수 있으므로, 동작은 4가지 경우의 수가 존재합니다.

각 경우의 수는 정보를 입력하고자 하는 사람이 몇 번째 사람이나에 따라서 정보를 입력하게 되는 위치가 달라지는데, 이는 4명을 주기로 되풀이되게 되어 있습니다. 따라서 몇 번째 사람에 대한 정보인지를 확인한 다음 이 숫자를 4로 나눈 나머지 값으로 4가지 사례를 만들어서 각 사례에 따라서 다른 위치에 정보를 입력하게 만들어 주면 반복작업은 완성되게 됩니다.

아, 한 가지를 더 고려해야 합니다. 4명씩 한 묶음으로 생각했을 때, 첫번째 사람의 정보를 입력할 때에는 양식 슬라이드를 한 장 복사하여 추가해야 합니다. 여기까지 추가해 주면 다음과 같이 코드를 만들 수 있습니다.

표 8. Name Label 자동 생성 매크로 소스

예시	의미
Sub NameLabel()	Name_Label 이라는 함수를 의미
Dim N_Member, Seq_Member, As Integer	"N_Member", "Seq_Member" 이름의 정수 저장 공간을 만들어라
Dim Txt_Pos, Txt_Name As String	"Txt_Pos", "Txt_Name" 이름의 문자 저장 공간을 만들어라
N_Member = ActivePresentation.Slides(1).Shapes(1)._ 　　Table.Rows.Count – 1	"N_Member"에 첫번째 슬라이드 첫번째 Shape 의 표 전체 행수 -1 값을 저장하라
For Seq_Member = 1 To N_Member	"Seq_Member"에 초기값 1 를 저장하고 "Seq_Member" 값이 "N_Member" 값이 될 때까지 "For"와 "Next"로 둘러싸인 구간의 명령을 반복하라(반복문)
Txt_Pos = ActivePresentation.Slides(1).Shapes(1).Table._ 　　Cell(Seq_Member + 1, 1).Shape.TextFrame._ 　　TextRange.Text	"Text_Pos" 에 1 번째 슬라이드의 Seq_Member +1 쩨행 1 열의 값을 저장하라
Txt_Name = ActivePresentation.Slides(1).Shapes(1)._ 　　Table.Cell(Seq_Member + 1, 2).Shape.TextFrame._ 　　TextRange.Text	"Text_Name" 에 1 번째 슬라이드의 Seq_Member +1 쩨행 2 열의 값을 저장하라
Select Case Seq_Member Mod 4	Seq_Member 를 4 로 나눈 나머지로 Case 별로 대응하라
Case 1	나머지가 1 이면
ActivePresentation.Slides(2).Duplicate	2 번째 슬라이드를 한장 더 복제하라
ActivePresentation.Slides(3).Shapes(3).TextFrame._ 　　　TextRange.Text = Txt_Pos	3 번째 슬라이드의 Shape 3 에 "Txt_Pos" 값을 넣어라
ActivePresentation.Slides(3).Shapes(4).TextFrame._ 　　　TextRange.Text = Txt_Name	3 번째 슬라이드의 Shape 4 에 "Txt_Name" 값을 넣어라
Case 2	나머지가 2 이면
ActivePresentation.Slides(3).Shapes(8).TextFrame._ 　　　TextRange.Text = Txt_Pos	3 번째 슬라이드의 Shape 8 에 "Txt_Pos" 값을 넣어라
ActivePresentation.Slides(3).Shapes(9).TextFrame._ 　　　TextRange.Text = Txt_Name	3 번째 슬라이드의 Shape 9 에 "Txt_Name" 값을 넣어라
Case 3	나머지가 3 이면
ActivePresentation.Slides(3).Shapes(12).TextFrame._ 　　　TextRange.Text = Txt_Pos	3 번째 슬라이드의 Shape 12 에 "Txt_Pos" 값을 넣어라
ActivePresentation.Slides(3).Shapes(13).TextFrame._ 　　　TextRange.Text = Txt_Name	3 번째 슬라이드의 Shape 13 에 "Txt_Name" 값을 넣어라
Case 0	나머지가 0 이면
ActivePresentation.Slides(3).Shapes(16).TextFrame._ 　　　TextRange.Text = Txt_Pos	3 번째 슬라이드의 Shape 16 에 "Txt_Pos" 값을 넣어라
ActivePresentation.Slides(3).Shapes(17).TextFrame._ 　　　TextRange.Text = Txt_Name	3 번째 슬라이드의 Shape 17 에 "Txt_Name" 값을 넣어라
End Select	Case 별 Select 문을 종료하라
Next Seq_Member	"Seq_Member" 값에 1 을 더하고 For 위치로 돌아가 명령을 반복하라
End Sub	함수의 종료를 의미

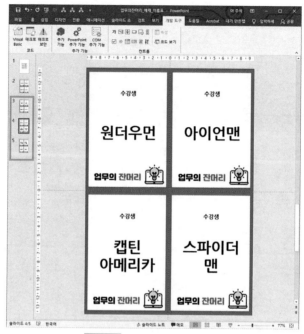

그림 101. 자동 라벨링 실행 결과

이제 실행한 결과를 보면 Slide2번 뒤로 3장의 슬라이드가 추가
되었고 각 슬라이드에는 표에서 입력되어있는 참가자 구분 정보와
이름이 원하는 위치에 복사되어 들어간 것을 확인할 수 있습니다.

CHAPTER

06

잔머리의 슈퍼 변종
"AUTO HOT KEY"

　이번에 소개하고자 하는 툴은 일반적으로 사용하는 Office Program이 아닌 조금은 변종에 가까운 S/W입니다. 개인적으로 있어서 제 잔머리의 핵심(?)이라고도 할 수 있는 툴입니다. 지금까지 Office의 기능에 대하여 이야기하면서 나왔던 자동 고침과 매크로는 Office 프로그램 내에서만 동작합니다.

이에 비해 Auto Hot Key는 사용하는 프로그램과 무관하게 Windows 내에서라면 어디서든 사용이 가능하게 hot key를 만들어주는 프로그램입니다. 앞서 살펴본 Office 프로그램들에 비해서는 오히려 프로그래밍의 요소가 많이 있어서 처음에 접하고, 익히기에는 어려움이 많은 편이지만, 그래도 한 번 익혀두면 유용하게 응용이 가능한 S/W입니다.

1. 설치 및 사용하기

Auto hot key는 MS Office에 기본적으로 포함된 S/W가 아니라, 별도로 설치해야 사용이 가능한 S/W이며, "https://www.autohotkey.com/"로 접근하면 해당 S/W를 설치할 수 있습니다.

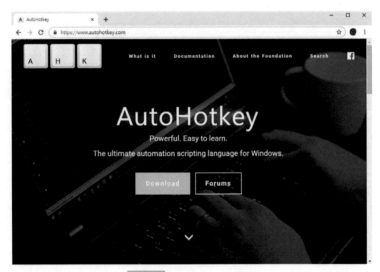

그림 102. Auto hot key 사이트

해당 프로그램을 다운로드 받아서 설치하면 Auto hot key를 사용할 수 있는 준비가 완료됩니다.

윈도우 버튼을 누른 뒤 설치된 프로그램을 찾아보면 Auto Hot key를 찾아볼 수 있고, Help file을 열어보면 사용법을 익힐 수 있습니다.

사용방법은 txt 파일 편집기를 열어서 Auto Hot key에서 정해진 문법에 따라 사용하고자 하는 내용을 만든 다음 확장자 이름을 "ahk"로 저장하면 Auto Hot key 파일이 만들어지고, 이를 실행하여 사용할 수 있습니다.

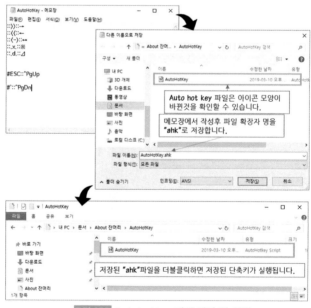

그림 103. Auto hot key 파일 생성 및 실행

그림 104. Window 버튼에서 Auto hot key를 누를 메뉴 화면과 Auto hot key help

2. Hot key 지정

자세한 문법은 help 파일에서 상세한 내용을 찾아보면 알 수 있겠지만, 가장 기본적이고 간단하게 사용할 수 있는 내용은 여기서 간략히 소개하고자 합니다(소개하는 내용은 Auto hot key help에서 보다 자세한 내용을 찾아볼 수 있습니다).

Auto hot key라는 S/W는 hot key를 만들어주는 S/W로 단축키를 만들기 위한 특수키를 다음과 같이 정의하고 있습니다.

표 9. Auto hot key symbol

Symbol	의미
#	Windows key
!	Alt
^	Ctrl
+	Shift
&	2개 이상의 키 또는 마우스 버튼의 조합 시 연결

또한 Auto hot key에서는 Office의 자동 고침과 같이 특정 key word를 원하는 문자(또는 문장)로 변환시켜 주는 기능도 가지고 있

습니다. Auto hot key에서는 "::" 기호를 전후로 하여 Hot key(또는 key word)를 정의하고, 정의된 명령을 내리는 구조를 가지고 있습니다.

Hot key를 지정하기 위해서는 "지정된 hot key" "::" "지정된 문자 또는 명령"과 같은 형태로 쓰이거나 "::" "지정된 key word" "::" "지정된 문자 또는 명령"과 같은 형태로 쓰입니다.

실제 사용 예를 보면 아래와 같습니다. "지정된 문자 또는 명령" 앞의 "::" 표시에서 줄을 바꾸지 않고 명령이 입력되면 해당 줄의 명령에 대해서만 실행하는 반면, 줄을 바꾸게 되면 "return"이라는 명령을 만날 때까지 연속된 명령을 실행합니다.

표 10 auto hot key 실행 예시

예시	의미
#ESC::run notepad	Windows key + "ESC" 키를 누르면 notepad(메모장) 프로그램을 실행하라
#n:: run powerpnt run excel return	Windows key + n 키를 누르면 Power Point와 Excel 프로그램을 실행하라
::>>::→	">>"라는 key word가 입력되면 "→"로 전환하여 입력하라
::.x.::※	".x."라는 key word가 입력되면 "※"로 전환하여 입력하라
::.d.::Δ	".d."라는 key word가 입력되면 "Δ"로 전환하여 입력하라

이와 같은 단축키를 만들 때는 평소 자신이 잘 사용하지 않는 단축키를 찾아서 정의하는 것이 필요합니다(예를 들어 ^C, ^V와 같은 hot key를 우리가 정의한 단축키로 정의하게 되면, ^C, ^V 버튼을 활용한 복사하여 붙여넣기를 사용할 수 없게 됩니다. 이 글에서 Auto hot key 단축키 예제를 만들 때 주로 윈도우 키와의 조합을 사용하는 이유가 여기에 있습니다).

3. 네 힘을 보여줘
- Auto hot key 활용 예(단순 반복 도우미)

Auto hot key로 할 수 있는 기능은 여러 가지가 있겠지만, 내가 하는 작업이 단순 반복 작업으로 정해져 있다면 이를 hot key로 지정하여 단순 반복작업의 효율성을 높일 수 있습니다. 몇 가지 간단한 예를 통해 활용의 팁을 알아보겠습니다.

① E-mail 주소 리스트 메일 발송용 Text로 변경

아래와 같이 여러 명의 e-mail 주소가 List가 있는데, 이 주소들을 다음과 같이 형태를 변경하고자 할 때 우리는 키보드로 "End" → ";" → "Del"와 같은 명령을 반복하여 입력함으로써 원하는 결과를 얻을 수 있습니다.

표 11. e-mail 정보 변경 예시

변경 전	변경 후
anyone@email.com everyone@email.com whoever@email.com	anyone@email.com;everyone@email.com;whoever@email.com

그런데 이와 같은 반복 작업 동작은 Auto hot key에 다음과 같은 명령을 적용함으로써 "End" → ";" → "Del"와 같이 세 번 누르던 동작을 지정된 단축키(Windows+",")를 누르는 한 번의 동작으로 대체할 수 있습니다.

표 12. 단순반복 작업 예시

예시	의미
#,::	Windows key + "," 키를 누르면 다음의 명령대로 동작하라
send {End}	"End" 키를 눌러라
sleep 100	0.1초 동안 기다려라
send {;}	";" 키를 눌러라
sleep 100	0.1초 동안 기다려라
send {Del}	"Del" 키를 눌러라
sleep 100	0.1초 동안 기다려라
return	동작 종료

여기서 각 동작마다 0.1초의 대기시간을 넣은 이유는 대기시간 없이 동작할 경우 컴퓨터의 내부연산 속도가 연속적으로 입력되는 명령의 속도를 따라오지 못할 수가 있어서 잠시 기다려 주는 시간을 넣은 것입니다. 금번 예시와 같은 단순한 명령의 경우에는 생략해도 크게 문제가 되지는 않을 수 있습니다.

위의 예시로만 보면 "End" → ";" → "Del"와 같이 세 번 버튼을 누르던 동작을 "Win" + ";" 버튼을 한번 누르는 동작으로 변경되었을 뿐 크게 개선되는 것이 없는 것처럼 보이지만, 만약 이 리스트가 100명, 1,000명 이와 같이 반복적으로 늘어나게 될 경우에는 Loop 문을 사용하여 크게 반복 작업의 노력을 줄일 수 있습니다.

Loop문의 경우 보다 상세한 사용법은 help 파일을 통하여 알아 볼 수 있으며, 필요할 경우에는 각자 필요한 부분을 익혀 보시길 추천합니다. 조건을 넣는 방법에 따라서 많은 부분을 자동화시킬 수 있는 유용한 기능입니다(단, 잘못 사용할 경우 컴퓨터가 자기 혼자서 쓸데없는 짓을 계속 반복할 수도 있으니 주의해서 사용해야 합니다).

표 13. Loop문을 활용한 단순 반복 작업 예시

예시	의미
#,::	Windows key + "," 키를 누르면 다음의 명령대로 동작하라
Loop, 100	"{"와 "}"로 둘러싸인 영역의 명령을 100번 반복해라
{	"{"
send {End}	"End"키를 눌러라
sleep 100	0.1초동안 기다려라
send {;}	";"키를 눌러라
sleep 100	0.1초동안 기다려라
send {Del}	"Del"키를 눌러라
sleep 100	0.1초동안 기다려라
}	"}"
return	동작 종료

② PPT에서 Font 통일하기

이번엔 조금 더 복잡한 사례를 살펴보겠습니다.

우리가 PPT 작업을 하면서 여러 부서의 자료를 모아서 하나의 자료로 만드는 일이 있을 경우, 각 팀에서 온 자료의 Font가 통일되지 않은 경우가 있습니다.

이때 자료에 있는 Font를 하나하나 모두 바꿔야 하는데, 글자 크기는 바꾸지 않으면서 Font만 바꿔야 하기 때문에 Ctrl+Shift+C → Ctrl+Shift+V(서식 복사, 서식 붙여넣기) 조합을 사용할 수도 없습니다. 결국 대부분의 경우 한 페이지에서 글 전체 선택하고, 영문 Font 선택하고, 한글 Font 선택하는 작업을 매 페이지마다 반복하게 됩니다. 이와 같은 단순 반복 작업은 Auto Hot Key에서 보다 간단히 지정할 수 있습니다.

Auto Hot key의 단축키로 정의하기 위해서는 반복적으로 하는 작업을 먼저 하나하나 추적해 봐야 합니다.

영문 Font "Arial", 한글 Font "궁서체"로 입력하는 경우를 가정해 보겠습니다. Auto hot key와 같이 단순 반복을 도와주는 기능을 만들 때는 가능한 마우스의 컨트롤을 자제하고, 키보드로 입력되는 방법 위주로 분석하여 적용하는 것이 좋습니다.

마우스 컨트롤을 포함할 경우 창의 크기가 바뀌거나 위치가 바뀔 때마다 소스코드를 다시 수정해야 하는 일이 잦습니다.

글꼴 그룹 명령 탭을 띄워서 Font를 지정한다고 할 때, 우리는 글꼴을 바꿀 개체를 선택한 후, 다음의 동작을 기계적으로 반복하게 됩니다. "Alt" → "H" → "FN" → "Alt"+"F" (영문 폰트) → Arial 폰트 선택 → "Alt" + "T" (한글 폰트) → 궁서체 폰트 선택 → "Enter"

그림 105. Font 변경 과정

이 작업을 Auto hot key로 간략히 만들어 보면 다음과 같이 구성할 수 있습니다.

표 14. Font 변경 예시

예시	의미
#a:: send {Alt} sleep 200 send H sleep 200 send FN sleep 200 send !f sleep 200 send Arial sleep 200 send !T sleep 200 send {RAlt} sleep 200 send 궁서체 sleep 200 send {enter} return	Windows key + "a" 키를 누르면 다음의 명령 대로 동작하라 "Alt" 키를 눌러라 0.2초 동안 기다려라 H를 입력하라 0.2초 동안 기다려라 FN을 입력하라 0.2초 동안 기다려라 "Alt"+F 키를 눌러라 0.2초 동안 기다려라 Arial을 입력하라 0.2초 동안 기다려라 "Alt"+T 키를 입력하라 0.2초 동안 기다려라 오른쪽 Alt 키(한/영 전환키)를 눌러라 0.2초 동안 기다려라 궁서체를 입력하라 0.2초 동안 기다려라 "Enter" 키를 눌러라 동작종료

상기 명령은 내가 현재 "영문"을 입력하고 있다는 가정하에서 만들어진 명령이므로, 실행 시에는 입력언어가 "영어"로 지정되어 있음을 신경 쓰면 일반적으로 문제없이 실행이 됩니다(실행 시 입력 언어가 "한글"로 설정되어 있으면 영문 폰트에 "Arial"을 입력하는 대신 "ㅁㄱㅑㅁ"을 입력하여 폰트가 정상적으로 적용되지 않습니다).

컴퓨터의 연산 속도에 따라서는 sleep에 정의된 시간을 0.1초 이내로 줄여도 상관없을 수도 있으며, 0.2초 이상으로 늘려야 할 수도 있습니다. 이는 각자의 컴퓨터의 상황에 맞게 설정하면 됩니다.

위의 코드와 같이 구성하면 원하는 폰트로의 설정을 쉽게 조정할 수 있습니다. 여기에 또 한번의 잔머리를 더해서, 첫 페이지부터 끝 페이지까지 페이지를 넘겨가면서 개체 전체를 선택하고 Font를 바꾸는 작업을 더한다고 할 경우, 앞서 살펴본 loop 문으로 감싸면 보다 쉽게 적용할 수 있습니다.

앞서 살펴본 Font를 변경하는 동작에 앞서서 선택된 본문의 개체 전체를 선택하는 동작인 "Ctrl"+A와 Font 변경을 마친 다음, 다음 페이지로 넘어가는 동작인 "PgDn"버튼을 앞뒤에 추가하고, Loop로 페이지 수만큼 반복하게 감싸면 되므로, 아래의 표처럼 추가 수정하면 됩니다(단, 이 경우 커서가 문서의 본문에 있을 경우의 단순 반복 동작을 도와주는 방식이므로 파워포인트 좌측의 축소판 그림을 선택한 상태에서는 전혀 다른 동작을 하게 됩니다).

표 15. 페이지 수만큼 Loop를 감싼 예시

예시	의미

#a::
Loop, 10
 	
{
Send ^a
Sleep 200
…
Sleep 200
Send {PgDn}
}
return
	Windows key + "a" 키를 누르면 다음의 명령대로 동작하라
	"{"와 "}"로 둘러싸인 영역의 명령을 10번 반복해라(전체가 10page로 가정).
	"{"
	"Ctrl"+a 키를 눌러라
	0.2초 동안 기다려라
	… (기존 Font 변경 코드와 동일)
	0.2초 동안 기다려라
	"PgDn" 키를 눌러라
	"}"
	동작 종료

한 가지 주의할 점은 Power point의 경우 개체 중 표가 포함되어 있으면 위의 방법으로 전체 선택 후 폰트 변경 시 변경된 폰트가 적용되지 않는 경우가 있습니다. 이 경우에는 번거롭더라도 Loop가 포함되기 전의 기존의 폰트 변경 코드를 활용하여 표는 하나하나 선택하여서 다시 변경해 줘야 합니다.

※ 사실 MS Office 내의 설정을 바꾸는 것은 Auto hot key를 쓰는 것보다는 매크로를 사용하는 것이 더 강력하고 유용할 수 있습니다. 다만, Office 프로그램 내에서 인식하는 개체와 특성값을 정확히 알아야 하기 때문에 제대로 만들려면 더 많은 공부가 필요합니다. 이에 비해 Auto hot key를 사용할 경우 정확히 내가 행하는 동작만 알면 간단하게 구현할 수 있다는 강점이 있습니다.

② 인터넷 검색하기(마우스 조작 포함)

Auto hot key에서는 키보드 조작뿐만 아니라, 마우스 조작과 관련된 기능도 제공하고 있습니다. 마우스 컨트롤과 관련해서는 정확한 위치를 알아야 할 필요가 있는데, 이를 위해 Active Window Info라는 기능을 통하여 마우스 위치를 추적할 수 있게 기능이 제공됩니다.

그림 106. Active Window Info 실행 화면

예를 들어서 Active Window Info를 실행한 상태에서 웹 브라우저를 실행하고, 검색 창에 마우스 버튼을 둔 상태에서 클릭을 하면 현재 컴퓨터가 인식하는 마우스의 위치 정보를 포함한 다양한 정보를 제공해 줍니다.

그림 107. Active Window Info를 이용하여 추적한 예시

현재 Focus 되어 있는 프로그램에 대한 정보, 마우스 위치 정보, 해당 위치의 색깔 정보, 문자정보 등등과 같은 내용이 정확하게 보이며 이를 활용한 조정이 가능합니다.

예를 들어 앞의 예시에서 찾은 Mouse Point를 참조하여 "탐색기를 실행하여 Naver로 접속한다." → "검색창에 마우스 클릭을

한다." → "Office를 입력한다."와 같은 명령을 순차적으로 넣는다
고 하면 다음과 같이 Auto hot key 코드를 만들 수 있습니다.

표 16. Naver 검색 예시

예시	의미
#.:: run, https://naver.com sleep 10000 mouseclick, left, 250, 150 sleep 100 send Office return	Windows key + "." 키를 누르면 다음의 명령대로 동작하라 인터넷 브라우저를 띄워서 "https://naver.com"로 접속하라 10초 동안 기다려라(컴퓨터 브라우저 속도에 따라 조정 가능) X : 250, Y : 150 위치에서 마우스 왼쪽 버튼을 눌러라 0.1초 동안 기다려라 "Office"라고 입력하라 동작 종료

그림 108. Naver 검색 실행 예시

이와 같은 기능은 특정 사이트에 접속해서 특정 위치의 버튼을 반복적으로 누르거나 정기적으로 누르는 작업을 반복해야 하는 일이 있을 때 여러 가지 방법으로 응용이 가능합니다.

마치면서

일하는 사람마다 저마다의 특성이 있고 자기에게 잘 맞는 방법이 있기에 가장 효율적인 업무용 문서 작성 방식은 사람마다 다를 것입니다.

자료 작성의 형식도 어떤 이는 엑셀을 기반으로 한 정량화된 자료로 정리하는 것을 선호하고, 어떤 이는 발표용으로 작성되는 파워포인트 자료로 작성하는 것을 선호합니다.

문서 작성의 기술에 있어서도, 마우스의 움직임을 현란하게 갈고 닦아서 불타는 마우스로 업무 속도를 높이는 사람이 있는가 하면, 단축키 활용을 선호하여 대부분의 작업을 키보드로 하는 사람도 있습니다.

자주 사용되는 수식을 정형화된 형식으로 만들어서 작업을 표준화하는 사람이 있고, 이마저도 매크로를 만들어 자동화하는 사람이 있습니다. 그 어떤 방식을 활용하고 있든, 그 방법이 자신에게 잘 맞다면, 그 방법은 자신에게 옳은 방법일 것입니다. 독자 여러분도 자신에게 가장 잘 맞는 방법을 찾아 갈고 닦아 나름의 스타일을 찾아가셨으면 좋겠습니다.

저는 이 글을 통해 제 나름 10여 년의 직장 생활 속에서 축적된 사무용 S/W 활용 스타일을 정리해 보았습니다. 굳이 이 책에서 다루지 않더라도, 사용하다 보면 쉽게 익힐 수 있는 내용은 배제하였고, 누군가 알려주지 않으면 그런 기능이 숨겨져 있다는 사실도 모를 것 같은 내용을 중심으로 다루었습니다.

하나하나의 구체적인 기능을 파헤치기보다는 각자 필요한 것을 찾아갈 수 있는 방향성을 제시하는 것에 무게 중심을 뒀습니다. MS Office의 모든 것을 담아내지는 못했지만, 방향 제시에 집중했기에 사무용 S/W를 활용하는 분들에게 어느 정도는 도움이 되리라 기대합니다.

이 책이 업무의 잔머리가 필요할 때 손쉽게 찾아볼 수 있는 핸드북과 같은 책이 되길, 살짝살짝 훔쳐보는 컨닝 페이퍼와 같은 책이 되길 희망해 봅니다.

※ 이 책에서 소개된 예제 파일은 "https://blog.naver.com/550sn"에서 다운받으실 수 있습니다.